Student Activities Manual (Workbook | Lab Manual)

ON

SUEÑA

español sin barreras

curso intermedio breve

José A. Blanco

C. Cecilia Tocaimaza-Hatch
Texas State University

Contributing writer
Próspero N. García
Amherst College

VISTA
HIGHER LEARNING

Boston, Massachusetts

VISTA HIGHER LEARNING

Boston, Massachusetts

ISBN-13: 978-1-60576-161-9

1 2 3 4 5 6 7 8 9 BB 13 12 11 10 09

Contenido

About the Student Activities Manual

Completely coordinated with the **SUEÑA, Second Edition** student textbook, the Student Activities Manual (SAM) provides you with additional practice of the language functions presented in each of the textbook's six lessons. The SAM will help you develop your Spanish language skills—listening, speaking, reading, and writing—both on its own and in conjunction with other components of the **SUEÑA** program. The SAM combines two major learning tools in a single volume: the Workbook and the Lab Manual.

Workbook

Each lesson's workbook activities focus on developing your reading and writing skills as they recycle the language from the corresponding textbook lesson. Exercise formats include: true/false, multiple choice, fill-in-the-blanks, sentence completions, dehydrated sentences, personal questions, and paragraph writing. The workbook also includes art-based exercises and activities with cultural contexts.

Each workbook lesson reflects the organization of the textbook lesson; it begins with **Para empezar**, followed by sections on **Sueña** and **Estructuras**. Each lesson ends with **Composición,** which practices writing through a longer, more focused assignment.

Lab Manual

The Lab Manual activities and their corresponding audio MP3s (available on the Supersite) focus on building your listening and speaking skills as they reinforce the vocabulary and grammar of the corresponding textbook lesson. These activities provide the written and audio cues (direction lines, models, charts, drawings, etc.) that you will need in order to follow along easily. You will hear statements, questions, dialogues, conversations, monologues, and many other kinds of listening passages, all recorded by native Spanish speakers. You will encounter a wide range of activities, such as listen-and-repeat and listen-and-respond, comprehension checks and illustration-based work.

Each lesson of the **Lab Manual** contains a **Para empezar** section followed by an **Estructuras** section, these sections practice the grammar and vocabulary of each lesson. After that, the **Literatura** section plays the literary reading from the corresponding textbook lesson with comprehension activities. Each Lab Manual lesson ends with **Vocabulario,** a complete list of the active vocabulary you have learned in the lesson.

We hope that you find the **SUEÑA** Student Activities Manual to be a useful resource and that it will help you increase your Spanish language skills effectively and enjoyably.

The Vista Higher Learning editorial staff

PARA EMPEZAR

Lección 1

1 **¿Cómo es?** Completa el crucigrama con el adjetivo que corresponde a cada descripción.

1. Alguien que no dice la verdad.
2. Alguien que es muy afectuoso y que muestra las emociones fácilmente.
3. Algo que no es cierto.
4. Algo o alguien que no se puede olvidar.
5. Él la mira sólo cuando ella no lo mira. Ella lo mira y él baja la mirada, porque tiene mucha vergüenza cuando habla con alguien.
6. El estado civil de alguien que vive en matrimonio.

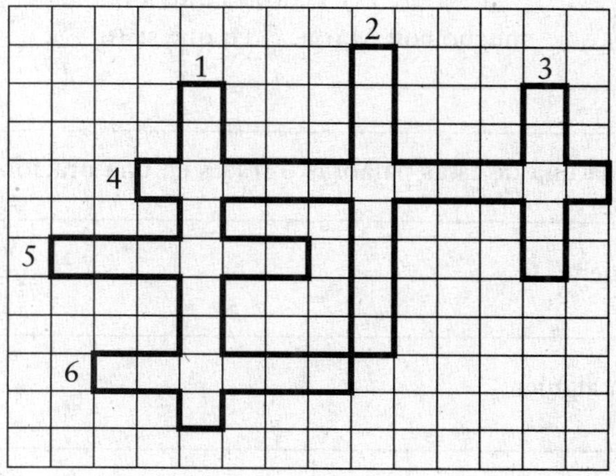

2 **No, no es verdad** Laura le cuenta unos chismes sobre una pareja a su amiga Marina, pero Marina sabe que no son ciertos. Escribe lo que dice Marina siguiendo el modelo.

modelo

LAURA ¡Carla es insensible!
MARINA *No, no es verdad. Carla es sensible.*

1. **LAURA** Fermín y Carla se odian.
   MARINA ____________________
2. **LAURA** Dicen que Fermín es muy inseguro.
   MARINA ____________________
3. **LAURA** Carla está muy ansiosa.
   MARINA ____________________
4. **LAURA** Ellos están decidiendo una fecha para divorciarse.
   MARINA ____________________
5. **LAURA** Ellos se llevan fatal últimamente.
   MARINA ____________________

Nombre ____________________ Fecha ____________________

Workbook

3 **Otra historia**

Reemplaza las palabras subrayadas con la forma correcta de palabras del recuadro para contar una historia muy diferente.

celoso/a	discutir	odiar
compartir	inmaduro/a	separar
deprimido/a	mal	tener celos

María y Pedro se <u>conocieron</u> la semana pasada. Se llevan muy <u>bien</u>. María es muy <u>simpática</u> y Pedro es muy <u>gracioso</u>. Pedro <u>coquetea</u> mucho con María. Creo que se <u>quieren</u> mucho. Estas historias me hacen sentir <u>genial</u>.

María y Pedro se (1) ________________ la semana pasada. Se llevan muy (2) ________________. María es muy (3) ________________ y Pedro es muy (4) ________________. Pedro (5) ________________ mucho con María. Creo que se (6) ________________. Estas historias me hacen sentir (7) ________________.

4 **Oraciones**

Usa cada una de estas palabras o frases en una oración donde quede claro el significado.

1. tímido ____________________
2. romper con alguien ____________________
3. cita ____________________
4. llevarse bien con alguien ____________________
5. gracioso ____________________

5 **Parejas**

¿Eres observador(a)? Elige una de las parejas y descríbela: ¿Cómo es cada uno? ¿Cómo es su relación? ¿Cuál es su estado civil?

____

____

____

____

____

____

____

____

Nombre ______________________ Fecha ______________________

SUEÑA

Lección 1

Workbook

Estados Unidos

1 **¿Cuánto sabes?** Contesta las preguntas con oraciones completas.

1. ¿Por qué es popular el español en los Estados Unidos?
2. ¿Cuántos hispanos se calcula que va a haber en los Estados Unidos en el año 2020?
3. ¿Cuáles son algunos de los lugares donde se pueden encontrar comunidades hispanohablantes?
4. ¿Qué hechos de la vida diaria hacen palpable el crecimiento de la población latina?
5. ¿Qué influencia tienen los dibujos animados como *Dora y Diego*?
6. ¿Cuantos estudiantes de secundaria estudian español en los Estados Unidos?
7. ¿Por qué fue importante el nombramiento de Antonia Novello como Directora de Salud Pública?
8. ¿Quién es Jorge Ramos?

En pantalla

2 **¿Cierto o falso?** Después de ver el reportaje, indica si lo que se dice en las oraciones es **cierto** o **falso.**

	Cierto	Falso
1. Diego y Alejandro se comunican con sus padres en Venezuela.	❍	❍
2. Cuatro de cada diez hispanos en EE.UU. tienen computadora en casa.	❍	❍
3. Los teléfonos celulares no tienen la función de radio.	❍	❍
4. Los hispanos ahorran para enviar dinero a sus familias.	❍	❍
5. Los mensajes de texto son caros.	❍	❍
6. La tarifa mensual de los teléfonos con radio empieza en 30 dólares.	❍	❍

Galería de creadores

Lección 1

1 **Un poco de arte** Completa los datos sobre la pintura.

Artista: _______________

Origen: _______________

¿Qué muestra la pintura? _______________

2 **Analizar** Describe y analiza el contenido de la pintura.

1. ¿Dónde está la pareja?
2. ¿Qué tiene la mujer en la mano?
3. ¿Por qué crees que la autora ha elegido este tema?
4. ¿Te gusta? ¿Por qué?

3 **Hispanos célebres** Contesta las preguntas.

1. ¿Quién es Narciso Rodríguez?
2. ¿Cuáles son las características del estilo de Narciso Rodríguez?
3. ¿Dónde nació Julia Álvarez?
4. ¿Cuáles son algunos de los temas sobre los que escribe Julia Álvarez?
5. ¿Quién es el director de la película *El mariachi*?
6. ¿Cuál es uno de los premios que recibió la película *El mariachi*?

4 **Ahora tú** Elige un artista hispano que conoces y que no está en la **Galería de creadores**. Escribe un breve párrafo que describa sus principales logros (*achievements*).

ESTRUCTURAS

Lección 1

1.1 The present tense

1 **Conclusiones equivocadas** Felipe tiene la mala costumbre de sacar conclusiones demasiado generales. Completa las oraciones con la forma correcta del verbo de la primera oración de cada grupo.

1. Mi amiga Marina mira televisión todo el tiempo y es muy tranquila.

   Tú miras televisión y tú ______ tranquilo/a.

   Mi hermano pasa muchas horas mirando televisión y ______ tranquilo.

   Conclusión: Todas las personas que miran televisión ______ tranquilas.

2. El mejor amigo de Juan no sabe dar consejos.

   Yo no ______ dar consejos.

   Tú no ______ dar consejos.

   Conclusión: Nadie ______ dar consejos.

3. Mi profesor no reconoce a sus estudiantes del año pasado.

   Los estudiantes no ______ a sus profesores de otros años.

   Yo no ______ a mis amigos de la escuela primaria.

   Conclusión: Nosotros, en general, no ______ a las personas de nuestro pasado.

4. Ana tiene mucho dinero y es tacaña.

   Tú ______ mucho dinero y no lo gastas.

   Maite y Ramón ______ dinero y nunca van de compras.

   Conclusión: Las personas que ______ mucho dinero son tacañas.

5. Mis hermanos siguen los malos ejemplos.

   Tú ______ los malos ejemplos.

   Yo ______ los malos ejemplos.

   Conclusión: Nosotros, los jóvenes, ______ los malos ejemplos.

2 **¿Salimos?** Juan quiere salir con Marina. Él insiste mucho y no entiende que Marina no está interesada en él. Completa la conversación usando los verbos entre paréntesis.

JUAN ¿1) ______ (querer) cenar conmigo esta noche?

MARINA No, gracias, esta noche 2) ______ (salir) con una amiga.

JUAN ¿Adónde 3) ______ (ir) a ir ustedes?

MARINA Yo no lo 4) ______ (saber) todavía.

JUAN ¿Cuándo 5) ______ (pensar) tú que lo vas a saber?

MARINA Nosotras 6) ______ (tener) que ir antes a una reunión, pero yo 7) ______ (creer) que vamos a ir a bailar.

JUAN De acuerdo, pero nosotros 8) ______ (poder) hacer planes para mañana.

MARINA Yo 9) ______ (tener) mucho trabajo y además 10) ______ (estar) muy preocupada por mi amiga. Ella 11) ______ (estar) deprimida.

JUAN ¿Qué 12) ______ (poder) hacer yo para ayudarla?

MARINA La verdad es que no 13) ______ (ver) cómo puedes ayudarla, pero gracias.

Workbook

3 **Enojo** Completa las oraciones para explicar por qué María está enojada. Sigue el modelo.

> *modelo*
> María está enojada con su esposo porque...
> (saber) *no sabe hablar español.*
> (dormir) *duerme mucho los fines de semana.*

1. María está enojada conmigo porque...
   (estar) ______
   (tener) ______
2. María está enojada con sus amigas, Alicia y Marcela, porque...
   (dice) ______
   (hacer) ______
3. María está enojada con ustedes porque...
   (aparecer) ______
   (traer) ______

4 **El primer contacto** Alicia puso a Juan en contacto con Micaela. Completa los mensajes de correo electrónico con los verbos de la lista.

confesar	divertir	ir	querer	salir	tener
construir	estudiar	preferir	reír	sentir	trabajar

¡Hola, soy Juan! Soy divorciado y 1) ______ una hija. 2) ______ casas y edificios en la misma compañía donde trabaja Alicia. Los fines de semana, mi hija y yo 3) ______ a pasear o 4) ______ al cine. Espero conocerte pronto.

Hola, Juan, soy Micaela, la amiga de Alicia. Tengo 25 años. Me 5) ______ estudiar; ahora 6) ______ francés y alemán. También 7) ______ en un banco. Suelo salir con amigos los fines de semana. 8) ______ los hombres inteligentes y seguros, y Alicia me dice que eres así. ¿9) ______ salir a comer el viernes?

5 **La primera cita** Micaela y Juan salen a comer el viernes. Escribe preguntas para las respuestas usando la forma apropiada del verbo entre paréntesis.

1. MICAELA ¿______? (recordar)
   JUAN Sí, lo dices en el correo electrónico.
2. JUAN ¿______? (querer)
   MICAELA El pollo, porque aquí lo cocinan al estilo italiano y es muy rico.
3. MICAELA ¿______? (preferir)
   JUAN A veces preferimos quedarnos en casa y charlar porque nos vemos sólo los fines de semana.
4. JUAN ¿______? (hacer)
   MICAELA Normalmente, mis amigas y yo salimos a bailar.

1.2 *Ser* and *estar*

Workbook

1 **¿Ser o estar?** Completa las oraciones sobre dos estudiantes universitarios usando **es, son, está** o **están,** según corresponda.

1. ¿Conoces a Elena? Ella __________ en tu clase de química. __________ una chica muy simpática.
2. Elena __________ soltera, pero desde hace un año sale con un chico, Ernesto, y se llevan bien…
3. Elena y Ernesto __________ de Miami. Elena __________ segura y tranquila, pero ahora __________ un poco preocupada porque Ernesto se siente inseguro.
4. Es por eso que Elena __________ agobiada y espera que Ernesto se sienta mejor pronto.
5. Aunque Elena y Ernesto __________ estudiantes, ellos trabajan a tiempo completo (*full-time*) porque __________ ahorrando dinero para casarse.
6. Ahora __________ las cinco de la mañana. Elena no __________ en la cama todavía porque __________ estudiando para un examen.

2 **La vida de Juan** Selecciona la oración que tiene el mismo significado.

1. A Juan le gusta mucho ir a la clase de italiano.
   a. La clase de italiano es interesante. b. La clase de italiano está interesante hoy.
2. La madre de Juan es amable y siempre está de buen humor.
   a. La madre de Juan es alegre. b. La madre de Juan está alegre.
3. Juan se va de vacaciones con sus amigos. Ya tiene todo en orden y quiere salir ahora.
   a. Juan es listo. b. Juan está listo.
4. La profesora de Juan es muy desorganizada, siempre llega tarde y nunca comprende las preguntas de sus estudiantes.
   a. La profesora es mala. b. La profesora está mala.
5. A Juan no le gusta pasear. Tampoco le gusta bailar. Está todo el día mirando televisión.
   a. Juan es aburrido. b. Juan está aburrido.
6. Le caen mal las bananas que no han madurado (*have not ripened*).
   a. Le caen mal las bananas que están verdes. b. Le caen mal las bananas que son verdes.
7. Las chicas siempre suspiran (*sigh*) cuando ven a Juan.
   a. Juan está guapo hoy. b. Juan es guapo.
8. Hoy Juan no tiene planes.
   a. Juan es libre. b. Juan está libre.

3 **Un día más** Completa la rutina diaria de Sabrina con **ser** y **estar**.

1. __________ las ocho de la mañana.
2. Sabrina mira por la ventana y ve que __________ nublado.
3. Busca su suéter favorito, que __________ de lana.
4. A las nueve, __________ lista y sale de su casa.
5. A las diez, llega a clase. Todos sus amigos __________ deprimidos por el clima.
6. A las 12:45, va a una reunión de estudiantes. La reunión __________ en la cafetería.
7. En la reunión, muchos compañeros __________ disgustados. Quieren mejores medidas de seguridad en las residencias.
8. Sabrina __________ segura de que todo se va a solucionar.

4 **El consultorio** Lee la carta que un consejero sentimental le envía a Julia y completa las oraciones con la forma correcta de **ser** o **estar**.

Tu caso, querida Julia, no 1) ____________ raro. 2) ____________ muy frecuente. Hay personas que 3) ____________ insensibles y no piensan en los sentimientos de los demás. Tu novio 4) ____________ una de esas personas. Él dice que coquetea con otras chicas porque 5) ____________ agobiado con los estudios. Él ve que tú 6) ____________ una buena chica. Él 7) ____________ una persona muy falsa. Tus sentimientos 8) ____________ verdaderos y sinceros. Él te hace pensar que 9) ____________ deprimido para hacer lo que quiere. Sé que tú 10) ____________ pasando por un momento difícil. Te aconsejo que abandones definitivamente a tu novio. Pronto te vas a sentir mejor y vas a 11) ____________ lista para empezar una nueva relación.

5 **La carta de Julia** Imagina que tú eres Julia. Escribe la carta que ella le escribió al consejero sentimental. Usa **ser** y **estar** en cinco oraciones.

Estimado consejero sentimental:

Necesito su consejo porque tengo problemas en mi relación. Mi novio y yo... ____________

Atentamente,
Julia

6 **Busco pareja** Imagina que estás buscando pareja y decides escribir un anuncio personal. Describe tu personalidad y tu estado de ánimo actual (*present*). Usa **ser** y **estar** y el vocabulario de la lección.

¡Hola! Me llamo ____________ y busco un(a) chico/a... ____________

Workbook

1.3 *Gustar* and similar verbs

1 **Una amiga pesada** Margarita y su mejor amiga Lola decidieron irse un fin de semana de vacaciones. Completa las conversaciones con el pronombre adecuado y un verbo o una expresión de la lista.

aburrir caer mal doler encantar gustar molestar

1. —¿Te gusta el desayuno?
   —¡Es horrible! Sabes que no ________________ este tipo de café. Es malísimo.
2. —¿Te gusta la habitación?
   —¡En absoluto! Las camas son duras. ¿Qué hago si mañana ________________ las piernas?
3. —¿Te gusta este restaurante?
   —Para nada. Y además, ________________ este camarero. Es muy poco amable.
4. —¿Te gustan las películas?
   —¡No! Yo ________________ terriblemente con películas románticas y sin acción como ésta.
5. —¿Te gusta el paseo?
   —¡No me hables! ________________ los lugares con mucha gente.

2 **De turismo** Un periodista entrevista a un grupo de turistas que está visitando Miami. Escribe las preguntas del periodista.

modelo
molestar/tráfico
¿Les molesta el tráfico?

1. aburrir / la ciudad
   ¿____?
2. gustar / los edificios
   ¿____?
3. caer bien / la gente
   ¿____?
4. preocupar / la seguridad y los problemas ambientales
   ¿____?
5. disgustar / el tráfico
   ¿____?
6. interesar / eventos culturales
   ¿____?

3 **Las respuestas de los turistas** Repasa la **actividad 2** y completa las respuestas que los turistas le dan al periodista.

1. **JUAN:** ¡No! ¡Al contrario! Es grande, bella y divertida. No ________________ (aburrir) ni un poquito.
2. **MARÍA Y FRANCO:** Son hermosos. El estilo modernista ________________ (fascinar) especialmente.
3. **LUCAS Y SANDRA:** ________________ (caer) muy bien. Nos tratan maravillosamente en todos lados. La gente aquí es muy cálida. ________________ (encantar).
4. **MARCELO:** Sí, ________________ (preocupar) un poco. Hay mucha contaminación y el otro día vi un robo (*theft*).
5. **CARLA Y SONIA:** ¡________________ (disgustar) mucho! Manejar aquí es una locura.
6. **PEDRO:** La verdad, no ________________ (interesar).

Nombre ______________________ Fecha ______________________

4 **Un escritor de mal humor** Completa la conversación telefónica entre un escritor y su representante. Usa **gustar** y verbos similares.

REPRESENTANTE ¿Tienes unos minutos para hablar sobre el libro que estás promocionando?
CARLOS Sí, bueno, no sé si ahora es un buen momento.
REPRESENTANTE ¿Cómo te caen los otros escritores que conociste?
CARLOS (1) (caer mal) ______________________
REPRESENTANTE ¿Qué te falta para terminar la gira (*tour*) y empezar el próximo libro?
CARLOS (2) (faltar) ______________________
REPRESENTANTE Estupendo. ¿Y qué? ¿Te gusta la ciudad?
CARLOS (3) (no gustar) ______________________
REPRESENTANTE Vaya, hombre. ¿Qué dices? ¿Te molesta viajar? Es parte de tu trabajo.
CARLOS (4) (molestar) ______________________
REPRESENTANTE Hmm... Me parece que estás aburrido. Eso es normal a veces.
CARLOS (5) (aburrir) ______________________

5 **Los vecinos** ¿Qué le cuenta doña Pancha a su amiga sobre sus vecinos? Escribe oraciones completas usando los verbos entre paréntesis.

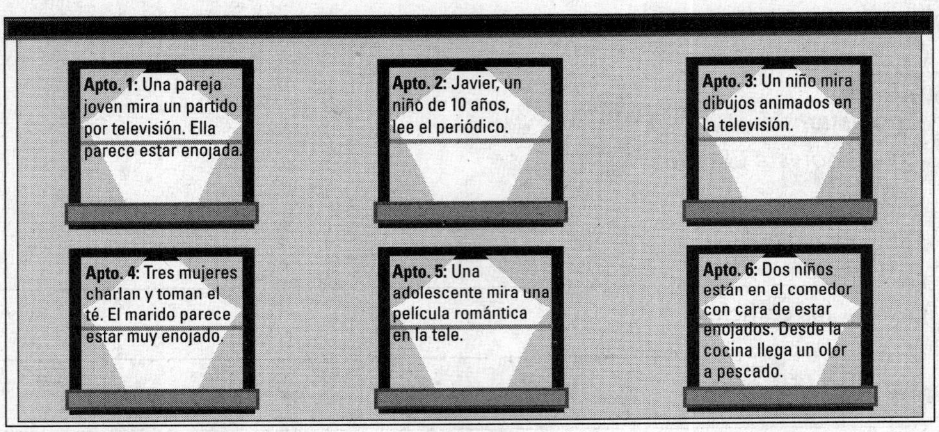

1. Apto. 1: (aburrir) ______________________
2. Apto. 2: (fascinar) ______________________
3. Apto. 3: (encantar) ______________________
4. Apto. 4: (molestar) ______________________
5. Apto. 5: (gustar) ______________________
6. Apto. 6: (disgustar) ______________________

6 **¿Qué les gusta?** En un párrafo, describe los intereses y las preferencias de tus amigos. Usa verbos como **aburrir, disgustar, encantar, fascinar, molestar,** etc.

____

COMPOSICIÓN

Lee el siguiente fragmento de un artículo sobre la música hispana en los Estados Unidos.

> "El crecimiento de la población hispana es tal que ya hay censados más de 45 millones de hispanohablantes en los Estados Unidos. Este hecho se hace muy visible en el mundo del espectáculo, donde se ha producido un gran aumento de cadenas de radio dedicadas exclusivamente a la música en español."

Escribe una composición sobre lo que has leído siguiendo el plan de redacción.

- Busca información relacionada con este fragmento en tu libro de texto y/o Internet para apoyar (*support*) o rechazar (*reject*) lo que dice.
- Luego, selecciona el orden en que vas a escribir las ideas y haz un borrador (*draft*).
- Escribe tu opinión personal incluyendo respuestas a estas preguntas: ¿Conoces música en español? ¿Te gusta? ¿Qué clase de música es tu favorita? Usa **ser, estar, gustar** y verbos similares a **gustar**.
- Termina la composición con una predicción sobre el futuro de la música hispana. Por ejemplo: **En los próximos años va a haber...**
- Comprueba el uso correcto de los verbos.

Nombre ______________________ Fecha ______________________

Workbook

PARA EMPEZAR

Lección 2

1 **Historias del barrio** Completa este texto utilizando el vocabulario de la lista.

camino	doblar	metro	parar
ciudad	estacionamiento	motocicleta	pasear
cruzar	estar perdido	parada	puente

Todos los días, Pedro toma el 1) ________________ para ir a clase muy temprano. Para llegar a su 2) ________________, Pedro tiene que cruzar toda la 3) ________________. A Pedro esto no le importa porque a él le encanta 4) ________________. En su ruta él tiene que cruzar el 5) ________________ sobre el río que pasa por delante de su casa. Casi todos los días alguien le pregunta el 6) ________________ para llegar al museo que está cerca de su universidad. Pedro no entiende cómo alguien puede 7) ________________, ¡hay un letrero enorme que indica cómo llegar! Solamente hay que caminar dos cuadras, 8) ________________ a la izquierda, cruzar la calle y ya estás en el museo. ¡Facilísimo!

2 **Asociaciones** Empareja las palabras de las dos columnas. Luego, escribe cinco oraciones usando al menos siete palabras de la lista.

____ 1. cine	a. policía
____ 2. museo	b. estación
____ 3. tren	c. arte
____ 4. comisaría	d. fútbol
____ 5. estadio	e. música
____ 6. discoteca	f. tráfico
____ 7. semáforo	g. actor
	h. puente

1. ______________________________
2. ______________________________
3. ______________________________
4. ______________________________
5. ______________________________

3 **¿Qué prefieres?** Numera las actividades por orden de preferencia, siendo 1 la actividad que más te gusta. Después, escribe lo que vas a hacer este fin de semana, usando algunas frases de la lista.

___ dar un paseo	___ relajarse en una piscina	___ pasear en bicicleta
___ conversar con amigos	___ bailar en una discoteca	___ ir a un estadio de fútbol
___ ir a un centro comercial	___ visitar un museo	___ caminar por la plaza

____
____
____
____
____
____

4 **El ocio** Define cada uno de estos lugares y escribe una oración relacionada con las actividades que se pueden hacer allí. Di si te gusta ir a ese lugar y por qué.

modelo

La discoteca: *Es un lugar donde ponen música y donde la gente baila y se divierte. Me gusta ir los sábados por la noche a bailar con mis amigos.*

1. El estadio
2. El teatro
3. El cine
4. El centro comercial

5 **Tu barrio** Contesta las preguntas. Da detalles en tus respuestas.

1. ¿Vives en un edificio moderno?
2. ¿Hay mucho tráfico cerca de tu casa?
3. ¿Es ruidoso tu barrio?
4. ¿Usas el transporte público con frecuencia?

6 **¿La ciudad o las afueras?** Tu mejor amigo/a quiere comprarse una vivienda. Él/ella no está seguro/a de si quiere vivir en la ciudad o en las afueras. Ayúdalo/la a tomar una decisión basada en tu opinión personal. Escribe un breve párrafo utilizando al menos seis de las palabras de la lista.

alrededores	construir	policía
ayuntamiento	convivir	relajarse
barrio	gente	transporte público

Nombre ______________________ Fecha ______________________

SUEÑA

Lección 2

México

1 **La opción correcta** Completa las oraciones con la opción correcta.

1. En México vive ______________ hispanohablante del mundo.
   a. la mitad de la población   b. casi un tercio (*third*) de la población
2. Hay sitios arqueológicos en ______________.
   a. Palenque   b. Acapulco
3. La Ciudad de México también se llama ______________.
   a. Alameda   b. Distrito Federal
4. Los mayas y los ______________ son civilizaciones prehispánicas que vivían en México.
   a. araucos   b. aztecas
5. El centro o corazón de la Ciudad de México es ______________.
   a. el bosque de Chapultepec   b. la Plaza de la Constitución
6. ______________ ordenó la construcción de la Catedral Metropolitana.
   a. Hernán Cortés   b. Rufino Tamayo
7. Diego Rivera es famoso por ______________.
   a. sus murales   b. la conquista de México
8. El Palacio Nacional es donde el presidente ______________.
   a. tiene su vivienda   b. tiene sus oficinas

En pantalla

2 **¿Cierto o falso?** Después de ver el reportaje, indica si lo que se dice en las oraciones es **cierto** o **falso.** Corrige las oraciones falsas.

	Cierto	Falso
1. Las calles de la ciudad de Taxco son enredadas.	❍	❍
2. El reto es llegar desde la plaza central hasta lo más alto de la ciudad.	❍	❍
3. El recorrido del Down Taxco es de menos de un kilómetro.	❍	❍
4. El principal desafío es el diseño de la ciudad de Taxco.	❍	❍
5. La ruta del Down Taxco pasa por tiendas y también por el interior de algunas casas.	❍	❍
6. Los ciclistas de otros países todavía no han descubierto el Down Taxco.	❍	❍
7. Algunos ciclistas sufren accidentes.	❍	❍
8. El último ganador completó el recorrido en menos de cinco minutos.	❍	❍

Galería de creadores

Lección 2

Workbook

1 Arte

A. Completa los datos sobre el mural.

Artista: ______________________

Origen: ______________________

Título del mural: ______________________

B. Describe y analiza el contenido de este mural. ¿Qué crees que quiere expresar el artista? ¿Te gusta? ¿Por qué?

____

2 Hispanos célebres

Contesta las preguntas con oraciones completas.

1. ¿Quién fue Frida Kahlo?
2. ¿Qué tipo de pintura la ha hecho más famosa?
3. ¿Qué expresa Frida Kahlo en sus pinturas?
4. ¿Cuál es la profesión de Gael García Bernal?
5. ¿Cuáles son algunas de las películas en las que ha trabajado Gael García Bernal?
6. ¿Dónde nació Elena Poniatowska?
7. ¿Qué periódico ayudó a fundar Elena Poniatowska?

3 Ahora tú

Contesta las preguntas con oraciones completas.

1. ¿Has visto alguna película mexicana? ¿Cuál?
2. ¿Qué aspecto de México te interesa conocer mejor? ¿Por qué?
3. Imagina que estás en México. ¿Qué lugar(es) quieres visitar? ¿Por qué?

Nombre ______________________ Fecha ______________________

Workbook

ESTRUCTURAS

Lección 2

2.1 The preterite

1

La fiesta Completa las preguntas que Mariana les hace a sus amigos para saber si hicieron las diligencias necesarias para una fiesta. Usa el pretérito de los verbos entre paréntesis.

1. ¿__________ (Subir) ustedes las bebidas?
2. Y tú, Andrés, ¿__________ (poner) la comida en el refrigerador?
3. Y tú, Brenda, ¿__________ (tener) tiempo de buscar los discos compactos?
4. Los dos, ¿les __________ (dar) los mapas a sus invitados?
5. Andrés, ¿__________ (buscar) el pedido del supermercado?
6. Ustedes, ¿__________ (empezar) a limpiar la casa?

2

El fin de semana A Raquel le gusta hablar de las vidas de sus amigos. Escribe sus comentarios sobre el fin de semana pasado.

Brenda...

1. traducir / artículo __________
2. leer / periódico __________
3. poner / letrero / calle __________

Mariana y sus amigas...

4. hacer / diligencias __________
5. dormir / siesta __________
6. dar / vuelta / ciudad __________

Andrés y yo...

7. escuchar / radio __________
8. ir / campo __________
9. conducir / moto / por horas __________

3

Ser o ir Indica si en cada oración se necesita el pretérito de **ser** o de **ir.** Después, completa las oraciones con la forma adecuada.

	ser	ir
1. Ayer hizo mucho calor. Yo __________ a la piscina.	❍	❍
2. La semana pasada me visitó Mario. Él __________ mi primer novio.	❍	❍
3. Aquellos dos años __________ muy difíciles para mí.	❍	❍
4. Esta semana mi esposo y yo __________ dos veces al ayuntamiento.	❍	❍
5. El cumpleaños de Hernán __________ muy aburrido.	❍	❍

Nombre ______________________ Fecha ______________________

Workbook

4 **¿Qué pasó?** Completa la conversación telefónica en la que Raquel le explica a Mariana por qué no pudo ir a la fiesta. Usa los verbos de la lista en pretérito.

decir	llamar	perder	preguntar	tener
hacer	olvidar	poder	ser	venir

MARIANA Ayer tú no 1) ______________ a la fiesta. Todos los invitados 2) ______________ por ti.

RAQUEL Uy, lo siento, pero mi día 3) ______________ terrible. Yo 4) ______________ mi bolsa con los documentos de identidad y las tarjetas de crédito. Y Javier y yo 5) ______________ que ir a la comisaría.

MARIANA ¿De verdad? Lo siento. ¿Por qué ustedes no me 6) ______________ por teléfono?

RAQUEL Nosotros no 7) ______________ llamar a nadie. Yo 8) ______________ mi teléfono celular en la casa.

MARIANA ¿Y qué te 9) ______________ la policía?

RAQUEL Nada. Ellos me 10) ______________ esperar horas allí y al final me dijeron que tengo que volver hoy…

5 **Cuéntalo** Imagina que eres Mariana y le escribes un mensaje a una amiga contándole lo que le pasó a Raquel. Usa el pretérito.

La fiesta fue muy divertida, pero Raquel no pudo venir…

____

____

____

____

____

____

____

____

6 **Historias** ¿Te ha ocurrido una situación similar a la de Raquel? ¿Estuviste alguna vez en una comisaría? Escribe un párrafo contando lo que pasó. Puedes inventar una historia, si quieres. Utiliza el pretérito.

____

____

____

____

____

____

____

____

2.2 The imperfect

1

Conociendo México Imagina que estás en México con un(a) amigo/a y decides llamar por teléfono a tu familia para contarle lo que hiciste. Completa el relato usando el imperfecto.

1. Fui a un centro comercial que ______________ (quedar) un poco lejos del hotel.
2. ______________ (Haber) mucho tráfico, y yo no ______________ (querer) tomar un taxi.
3. Fui a la parada, pero el autobús no ______________ (venir), así que fui a pie.
4. Al llegar, vi a muchas personas que ______________ (estar) comprando ropa.
5. ______________ (Haber) muchísimos negocios.
6. Algunas personas me ______________ (saludar) muy amablemente.
7. Yo no ______________ (desear) comprar nada, pero al final traje unos cuantos regalos.
8. Yo ______________ (ver) carteles de todo tipo, pero no siempre los ______________ (entender).
9. Los vendedores ______________ (ser) muy amables.
10. Al final, yo ______________ (tener) hambre y fui a un restaurante.

2

Margarita Margarita habla de su vida. Usa los verbos de la lista en imperfecto para completar sus oraciones.

cuidar	gustar	poder	saber
despertar	hacer	preparar	tener
estar	ir	querer	volver

Yo soy la mayor. Mi madre empezó a trabajar cuando yo 1) ______________ doce años, así que yo 2) ______________ a mis hermanitos. Todas las mañanas, los 3) ______________ y les 4) ______________ el desayuno. Después, mis hermanos y yo 5) ______________ a la escuela. Cuando nosotros 6) ______________ de la escuela, yo 7) ______________ diligencias. Yo 8) ______________ que no 9) ______________ ir a la universidad que yo 10) ______________ porque era muy cara. Fui a la que 11) ______________ cerca de casa y, en general, me 12) ______________ mucho las clases.

3

De niños Estas personas mostraron de niños cuál sería su profesión. Usa los verbos entre paréntesis en imperfecto para completar las oraciones contando lo que hacían en su infancia.

modelo

Héctor es arquitecto. De niño *construía casas en el parque.* (construir)

1. Marcela es maestra. De niña ______________________________. (enseñar)
2. Gustavo es filósofo. De niño ______________________________. (preguntar)
3. Daniel es contador. De niño le ______________________________. (gustar)
4. Camila es bailarina. De niña ______________________________. (bailar)
5. Isabel y Teresa son escritoras. De niñas ______________________________. (leer)
6. Pablo y Jorge son policías. De niños ______________________________. (jugar)

Workbook

4 **Tu infancia** Contesta las preguntas sobre tu infancia, usando oraciones completas.

1. ¿Con quién(es) vivías cuando eras niño/a?
____
2. ¿Cuántos/as amigos/as tenías?
____
3. ¿Qué juegos preferías?
____
4. ¿Qué libros te gustaba leer?
____
5. ¿Qué programas veías en la televisión?
____
6. ¿Cómo eras?
____

5 **¡Viva México!** Tu compañero/a de viaje en México habla sobre algunos aspectos culturales de su visita. Completa lo que dice. Luego escribe tres oraciones similares en las que expreses tu opinión.

modelo
Yo pensaba que *él era de Jalisco*, pero Pedro es de Guadalajara.

1. Yo creía que _______________, pero el Museo Rufino Tamayo tiene muchas obras interesantes.
2. Yo pensaba que _______________, pero Cancún está lejos de Tijuana.
3. Antes creía que _______________, pero todo el mundo conoce los frescos de Diego Rivera..
4. Antes pensaba que _______________, pero ahora sé que México D.F. es la capital del país.
5. Creía que _______________, pero las pirámides mayas de Palenque atraen a los extranjeros.
6. _______________
7. _______________
8. _______________

6 **Tus impresiones** ¿Descubriste en alguna ocasión que algo o alguien era diferente de lo que pensabas? Escribe un párrafo para describir esas experiencias. Usa el imperfecto.

____

2.3 The preterite vs. the imperfect

1

Cambios Antes, tú vivías en el centro de la ciudad, pero el mes pasado te compraste una casa en las afueras. Completa las oraciones usando el pretérito y el imperfecto.

1. (ir)

   Antes, yo ______________ al museo dando un paseo.

   Ayer, yo ______________ en autobús.

2. (visitar)

   Mis amigos me ______________ todos los lunes.

   Ayer, ellos no me ______________, porque vivo lejos.

3. (poder)

   Antes, no ______________ dormir porque mi calle era ruidosa.

   Ayer, ______________ dormir todo lo que quise.

4. (hablar)

   Antes, yo nunca ______________ con los vecinos del edificio.

   Ayer, yo ______________ con los vecinos de enfrente.

5. (hacer)

   Antes, yo ______________ todas las diligencias en muy poco tiempo.

   Ayer, sólo ______________ unas pocas.

2

Todo en orden Don Jorge Ruiz, alcalde de una ciudad, está enfermo. Después de pasar tres días en cama, decidió pasar por el ayuntamiento. No sabía que le esperaba una sorpresa. Completa la historia con el pretérito o el imperfecto, según el contexto.

Después de pasar tres días en cama, el alcalde 1) ______________ (levantarse) para ir un rato al ayuntamiento. 2) ______________ (Querer) ver si 3) ______________ (tener) correo y si todo 4) ______________ (estar) funcionando correctamente. Pero cuando 5) ______________ (llegar), 6) ______________ (encontrarse) con una sorpresa.

Su secretario 7) ______________ (conversar) con un policía. Alguien había entrado la noche anterior a su oficina y le había prendido fuego. El policía 8) ______________ (tomar) nota de todo lo que el secretario le 9) ______________ (contar). El alcalde 10) ______________ (ponerse) muy nervioso. Todos 11) ______________ (sorprenderse) cuando 12) ______________ (ver) al alcalde. Rápidamente lo 13) ______________ (enviar) de nuevo a la cama. En el ayuntamiento, todo 14) ______________ (estar) en orden.

Workbook

3 **Excusas y más excusas** Responde a las preguntas que el alcalde, muy preocupado, le hace a su secretario para pedirle una explicación de lo ocurrido en el ayuntamiento.

modelo

ALCALDE ¿Por qué no cerraste la puerta de mi oficina? (no / tener / llaves)
SECRETARIO *No la cerré* porque *no tenía las llaves.*

1. ALCALDE ¿Por qué no me llamaste? (no / encontrar / su número de teléfono)
   SECRETARIO ______________________ porque ______________________
2. ALCALDE ¿Por qué no le pediste el número a Javier? (Javier / no / estar / en la oficina)
   SECRETARIO ______________________ porque ______________________
3. ALCALDE ¿Por qué no pusiste los documentos importantes en otro sitio? (no / poder llevarlos / solo)
   SECRETARIO ______________________ porque ______________________
4. ALCALDE ¿Por qué no los bajaste en el elevador? (elevador / no / funcionar)
   SECRETARIO ______________________ porque ______________________
5. ALCALDE ¿Por qué no te fuiste a tu casa? (no / encontrar / carro)
   SECRETARIO ______________________ porque ______________________

4 **Quehaceres cotidianos** Durante mucho tiempo, don Jorge realizaba diariamente las mismas tareas y en el mismo orden. Completa el párrafo con las palabras de la lista.

antes de	luego	primero
después de	mientras	siempre

Don Jorge 1) ____________ se levantaba a las seis de la mañana. Vivía cerca del ayuntamiento, pero le gustaba llegar temprano. 2) ____________ salir de su casa, tomaba un desayuno bien completo: café con leche, tostadas, queso y fruta. Ya en el ayuntamiento, 3) ____________ se reunía con su secretario para ver la agenda del día. 4) ____________ ver la agenda, se tomaba un café. Él siempre se tomaba un café 5) ____________ leía la prensa del día. 6) ____________, don Jorge recibía a los ciudadanos que querían hablar con él.

5 **¿Eres el mismo?** Escribe dos párrafos. En el primero, describe cómo eras y lo que hacías cuando eras niño/a. En el segundo, describe cómo fue tu vida el año pasado, qué hiciste, dónde estuviste, etc. Usa al menos seis verbos o expresiones de la lista en pretérito o en imperfecto, según sea necesario.

comprar	decidir	estar	pasarlo bien	residir	tener
dar un paseo	disfrutar	leer	relajarse	ser	tomar

Cuando era niño/a... ____

____

____

____

El año pasado... ____

____

____

____

Nombre ______________________ Fecha ______________________

Workbook

COMPOSICIÓN

▪ Paso 1

Lee el fragmento del cuento *Aqueronte* de José Emilio Pacheco.

> "La **hacen** muy atractiva la esbelta° armonía de su cuerpo, el largo pelo castaño°, los ojos un poco rasgados°, un aire de inocencia y desamparo°, la pesadumbre° de quien **tiene** un secreto.
>
> Un joven de su misma edad o acaso° un poco mayor **se sienta** en un lugar de la terraza, aislada° del salón por un ventanal. **Llama** al mesero y **ordena** un café. Su mirada **recorre**° sitios vacíos, grupos silenciosos y **se detiene**° un instante en la muchacha. Al sentirse observada, **alza** la vista°. Enseguida° **baja** los ojos y **se concentra** en su escritura."

esbelta *slender*	**castaño** *brown*	**rasgados** *almond-shaped*	**desamparo** *neglect*
pesadumbre *sorrow*	**acaso** quizás	**aislada** *isolated*	**recorre** *scans*
se detiene *halts*	**alza la vista** *looks up*	**Enseguida** Inmediatamente	

En el fragmento, el autor describe la escena del café. Reescribe el fragmento usando el pretérito y el imperfecto de los verbos resaltados.

La... ______________________

▪ Paso 2

Ahora, escribe un párrafo contando una escena parecida que te ocurrió a ti en el pasado. Usa el pretérito y el imperfecto.

- Primero, piensa qué es lo que quieres contar.
- Haz un borrador (*draft*) de la historia.
- Revisa el borrador que escribiste y añade (*add*) tres detalles específicos del lugar, las personas y los objetos mencionados.
- Escribe la versión final de la historia.
- Comprueba (*Check*) el uso correcto del pretérito y del imperfecto.

Nombre ______________________ Fecha ______________________

PARA EMPEZAR

Lección 3

1

La intrusa Selecciona la palabra que no pertenece a la serie.

1. el televidente	la oyente	la reportera	el sitio web
2. el crítico de cine	el acontecimiento	el actor	el director
3. la portada	el locutor	el titular	la tira cómica
4. el diario	el director	el cantante	la actriz
5. la noticia	la banda sonora	la actualidad	el acontecimiento
6. el reportero	el anuncio	la noticia	el reportaje

2

El mundo de los medios Lee estas conversaciones sobre los medios de comunicación y complétalas con palabras de la lista. Tres palabras no se necesitan.

actor	entretener	portada	radioemisora
actualizada	estrella	público	rodar
censura	oyente	radio	telenovela

1. —¿Dónde está el ________________ principal?
—Se fue, señor.
—¿Cómo que se fue? Le dije que tenemos que ________________ la escena otra vez.
2. —¡Atención! Un ________________ nos llama. Hola. ¿Quién está en la línea?
—Hola, Mario. Me llamo Pedro y quería felicitarte por tu programa de ________________.
Ésta es mi ________________ favorita desde que comenzaste con *Música a tu medida*.
3. —¿Es cierto que hay un romance entre la ________________ de la ________________
Ladrón de amor y tú?
—Lo siento. No hay comentarios.
—El ________________ te admira y quiere saber. Tienes una obligación con tus admiradores.
—Mi obligación es impedir que historias falsas lleguen a la ________________ de tu revista.

3

Definiciones Primero, escoge la palabra que corresponde a cada definición. Después, escribe las definiciones de las seis palabras que seleccionaste en la **actividad 1.**

la actualidad	el horóscopo	el periódico	la revista
la censura	la parcialidad	la portada	el titular

1. ________________: Es una publicación que sale de forma diaria.
2. ________________: Es un cambio editorial del contenido de un texto, una película, etc.
3. ________________: Es una predicción basada en la posición de los astros.
4. ________________: Es la primera página de una publicación.
5. ________________: ________________
6. ________________: ________________
7. ________________: ________________
8. ________________: ________________
9. ________________: ________________
10. ________________: ________________

Workbook

4

Mi serie favorita Completa el párrafo con palabras y expresiones adecuadas del vocabulario de esta lección.

Mi serie de televisión favorita era *Los Serrano*. Era una serie tan buena que duró ocho 1) ________________. El 2) ________________ se transmitió el 22 de abril de 2003 y desde ese primer episodio tuvo un gran éxito entre el 3) ________________ joven porque siempre trataba temas de la 4) ________________ con un toque de humor. La verdad es que los 5) ________________ no tenían mucho talento, pero como la serie se grababa 6) ________________, las situaciones espontáneas eran muy divertidas y reales. Lo que no me gustaba mucho de *Los Serrano* eran todas las pausas que hacían para los 7) ________________; tanta publicidad siempre me hacía cambiar de canal. Sin embargo, la serie conseguía mantenerme pegado a la 8) ________________ de mi televisor cada semana. ¡Necesitaba saber si al final Marcos y Eva iban a terminar juntos!

5

Tu opinión cuenta Contesta estas preguntas con oraciones completas.

1. ¿Cuál te parece la parte más interesante de un periódico? ¿Por qué?
2. ¿Crees que la prensa sensacionalista tiene buena o mala fama? ¿Por qué?
3. ¿Cuál te parece más fiable (*trustworthy*) para enterarse de la actualidad: la prensa, la radio, la televisión o Internet? ¿Por qué?
4. ¿Crees que los críticos de cine son parciales o imparciales? ¿Por qué?

6

Una crítica de cine La revista para la que trabajas te pide que veas una película nueva y escribas una crítica de ella. Usa al menos seis de las palabras de la lista para ayudar a los suscriptores a decidir si quieren ver la película.

la banda sonora	entretener	opinar
el/la director(a)	la estrella	la pantalla
el doblaje	el estreno	el público
los efectos especiales	influyente	los subtítulos

Nombre ______________________ Fecha ______________________

SUEÑA

Lección 3

El Caribe

1

Un poco de historia Contesta las preguntas con oraciones completas.

1. ¿En qué siglo empezaron los ataques piratas?
____
2. ¿De dónde era el oro que llevaban los barcos?
____
3. ¿Qué países querían quitarle el poder a España?
____
4. ¿Qué hacían estos países para quitarle el poder?
____
5. ¿Qué hicieron los colonizadores para protegerse de los piratas?
____
6. ¿Qué ciudades tienen fuertes?
____
7. ¿En qué ciudad está el Mercado Modelo?
____
8. ¿Cuáles son algunas de las celebridades que pasaron por la Bodeguita del Medio?
____

En pantalla

2

Seleccionar Después de ver el reportaje, completa las oraciones con la opción correcta.

1. El coquí llanero vive en un humedal en el _______ de Puerto Rico.
   a. norte b. sur c. centro
2. El ecólogo Neftalí Ríos descubrió el coquí llanero en el año _______.
   a. 1998 b. 2004 c. 2008
3. El coquí llanero es de color _______ brillante.
   a. amarillo b. blanco c. verde
4. Por su tamaño diminuto, el coquí llanero pone _______ huevos.
   a. cerca de cien b. dos o tres c. miles de
5. Una compañía privada construyó una _______ a orillas del humedal.
   a. piscina b. tienda c. pista de carreras
6. _______ calificó al coquí llanero como especie en peligro de extinción.
   a. La compañía b. El gobierno c. La oficina de turismo
7. Se piensa que el coquí llanero sólo _______ en la planta acuática *Sagittaria lancifolia*.
   a. crece b. come c. se reproduce
8. El municipio de Toa Baja _______ la designación de hábitat crítico.
   a. se opone a b. definió c. luchó por

Workbook

Galería de creadores

Lección 3

1 **Identificar** Contesta las preguntas con oraciones completas.

1. ¿Quién es el/la artista? ¿Cómo se titula la pintura?

Artista: _______________

Título de la pintura: _______________

2. Ahora describe la pintura. ¿Qué ves? ¿Te gusta? ¿Por qué?

____

2 **Hispanos célebres** Contesta las preguntas con oraciones completas.

1. ¿Quién es Rosario Ferré?
2. ¿De dónde es Rosario Ferré?
3. ¿Cómo se titula su primer libro?
4. ¿Cuál fue la profesión de Julia de Burgos?
5. ¿Cuáles son algunos de los temas que trató Julia de Burgos en su obra?
6. ¿Quiénes son algunas de las clientas de Oscar de la Renta?

3 **Ahora tú** Contesta las preguntas con oraciones completas.

1. ¿Conoces a otros artistas caribeños? ¿Cuáles? Describe su arte (música, literatura, moda, etc.).
2. ¿Qué aspecto del arte del Caribe te atrae más? ¿Por qué?
3. ¿Eres artístico/a? ¿De qué manera expresas tu creatividad?

ESTRUCTURAS **Lección 3**

Workbook

3.1 The subjunctive in noun clauses

1 **El nuevo proyecto** Completa lo que dicen un director y una actriz con la forma adecuada de los verbos entre paréntesis.

1. Insisto en que tú no ______________ (dar) entrevistas. No quiero que la prensa ______________ (saber) que trabajas en la película.
2. Si deseas que yo ______________ (trabajar) contigo, debes dejarme hablar con los periodistas. Y te sugiero que (tú) ______________ (cambiar) el título si quieres que la película ______________ (tener) éxito.
3. Es importante que nosotros ______________ (empezar) a rodar lo antes posible. Tengo miedo de que la película ______________ (ser) cara. El título lo podemos cambiar más tarde.
4. Primero es necesario que tú me ______________ (decir) cuándo empezamos a rodar.

2 **Un periodista impaciente** Completa esta conversación entre una recepcionista y un periodista con el presente del indicativo o del subjuntivo.

PERIODISTA Buenos días, (1) ______________ (desear) que Amelia Ruiz me (2) ______________ (recibir).

RECEPCIONISTA Buenos días. Lo siento, pero Amelia y su equipo no (3) ______________ (atender) hoy a nadie. ¿Le (4) ______________ (poder) atender su secretaria?

PERIODISTA Le (5) ______________ (decir) que (6) ______________ (querer) que me (7) ______________ (atender) la actriz personalmente. Necesito hablar con ella.

RECEPCIONISTA Y yo le (8) ______________ (repetir) que la señora Ruiz no (9) ______________ (trabajar) hoy.

PERIODISTA Tengo una cita con ella y (10) ______________ (exigir) que le (11) ______________ (decir) a ella que el *Diario matutino* y yo (12) ______________ (insistir) en entrevistarla.

RECEPCIONISTA ¡No sé de qué otra forma decirlo... La señora Ruiz y su equipo no (13) ______________ (venir) hoy!

PERIODISTA ¡Dudo que ella no (14) ______________ (estar) hoy!

RECEPCIONISTA ¡Señor, basta ya! Es imposible que usted (15) ______________ (entrar) en el edificio!

3 **Cómo conseguir entrevistas** Esa tarde, el jefe del periodista de la **actividad 2** le explica cómo conseguir entrevistas. Usa palabras de la lista u otras para completar sus oraciones.

conocer	escribir	llamar	preguntar
entrevistar	ir	pedir	ser

1. Es importante que ______________________________.
2. Te sugiero que tú ______________________________.
3. No es bueno que ______________________________.
4. Es posible que ______________________________.
5. Es mejor que ______________________________.

Workbook

4 **Consejos** El director le está dando consejos a unos actores sin experiencia. Reescríbelos con expresiones como **es necesario que, te aconsejo que,** etc.

modelo
No debes hablar con la prensa.
Te recomiendo que no hables con la prensa.

1. Para que el público te crea debes creer tú en lo que estás diciendo.
2. Para representar esta escena necesitan moverse mucho.
3. El cine suele ser difícil para los actores teatrales.
4. Debes practicar el guión antes de venir a grabar.
5. Pienso que a ustedes no les va a gustar rodar muchas horas cada día.
6. Nunca deben grabar escenas de riesgo.
7. Debes pensar si realmente quieres representar este personaje.
8. También trata de decidir si quieres representar una obra de teatro.

5 **Hablando de cine** Un amigo tuyo hace estas afirmaciones. Elige una de las opciones para expresar y explicar tu opinión. Usa la forma adecuada del presente del subjuntivo.

1. Todas las películas tienen que ser divertidas y comerciales.
   a. No creo que... b. Prefiero que... c. Es evidente que...
   No creo que todas tengan que serlo. El cine independiente...
2. Las películas europeas son mucho mejores que las estadounidenses.
   a. No es evidente que... b. Dudo que... c. Me sorprende que...
3. Los actores famosos cobran millones por película.
   a. Ojalá que... b. Es posible que... c. Es una lástima que...
4. La vida privada de los famosos es interesante.
   a. Te sugiero que... b. Es extraño que... c. Temo que...
5. La censura es buena en algunas ocasiones.
   a. No es verdad que... b. Niego que... c. No es malo que...
6. Está bien que las actrices ganen menos dinero que los actores.
   a. Me molesta que... b. Dudo que... c. No es bueno que...

Nombre ____________ Fecha ____________

3.2 Object pronouns

1 **¿A qué se refieren?** Indica a qué o a quién se refiere cada pronombre subrayado en estos relatos periodísticos.

GOL

Durante el primer tiempo, el partido fue muy aburrido. Pero en el segundo tiempo, el San Martín (1) lo animó y (2) le ganó al Santiago 3 a 1. Dos fanáticos comentaron: "No (3) nos llamó la atención. El San Martín siempre (4) nos da el premio de la victoria."

1. ______________ 3. ______________

2. ______________ 4. ______________

Televisión

La cadena GBJ va a retransmitir esta noche el controvertido video musical del grupo Niquis, que muestra al cantante protestando contra la guerra. El director de la cadena, Alberto Anaya, (5) nos envió un fax a los periodistas para (6) informarnos de su decisión. La Asociación de Televidentes, al enterarse, promete que (7) le va a pedir explicaciones al señor Anaya por (8) emitirlo en horario infantil. "No les debemos permitir a las cadenas este comportamiento. No (9) se lo vamos a consentir", dijo.

5. ______________ 8. ______________

6. ______________ 9. ______________

7. ______________

2 **En la radio** Una locutora de radio está entrevistando a un amigo suyo, director de cine. Completa la entrevista con los pronombres adecuados.

LOCUTORA ¡Qué placer tenerte en la radio para hablar de tu premio! 1) _____ digo que pareces muy contento.

DIRECTOR Sí, 2) _____ estoy. Este premio es muy importante para 3) _____.

LOCUTORA ¿A quién 4) _____ dedicas el premio?

DIRECTOR A mi esposa, claro. Ella 5) _____ apoya siempre, 6) _____ ayuda en los momentos malos y 7) _____ acompaña siempre en mis viajes.

LOCUTORA ¡Qué suerte tener una esposa así! Y cuéntame, ¿cuáles son tus proyectos ahora?

DIRECTOR A mí siempre 8) _____ gusta descansar después de cada película. A mi esposa y a 9) _____ siempre 10) _____ gusta disfrutar de unas vacaciones.

LOCUTORA ¿Y después?

DIRECTOR ¡Quién sabe!

Workbook

3 **Las instrucciones** Una actriz sin mucha experiencia recibe consejos de su agente, quien los reitera para que ella no los olvide. Reemplaza las palabras subrayadas con los pronombres adecuados.

1. Antes de empezar, saluda a todo el público. Recuerda: ____________________
2. No puedes olvidar las cámaras. Recuerda: ____________________
3. No muevas tanto la boca al hablar. Recuerda: ____________________
4. Evita los gestos exagerados con la cara y las manos. Recuerda: ____________________
5. Deja las escenas de riesgo para tu doble. Recuerda: ____________________
6. Debes llamar al director. Recuerda: ____________________
7. Estudia bien tu papel. Recuerda: ____________________
8. Debes hablar bien a los otros actores. Recuerda: ____________________

4 **Entrevistas** Completa la entrevista que un periodista le hace a un cantante famoso, quien lo niega todo. Usa los pronombres adecuados.

modelo
PERIODISTA ¿El jefe de orquesta le está proponiendo la música al productor?
CANTANTE *No, no se la está proponiendo. / No, no está proponiéndosela.*

1. PERIODISTA Un colega mío vio a usted y a su amiga, Laura Luna, cenando en un restaurante. ¿Es verdad que los vio?
   CANTANTE ____________________
2. PERIODISTA También me contó que te pidió un autógrafo.
   CANTANTE ____________________
3. PERIODISTA El me dijo que… no le pagaste la cuenta a tu amiga.
   CANTANTE ____________________
4. PERIODISTA Y también me dijo que no les diste propina (*tip*) a los camareros.
   CANTANTE ____________________
5. PERIODISTA Él me dijo que le diste un beso a tu amiga.
   CANTANTE ____________________

Nombre ______________________ Fecha ______________________

3.3 Commands

1

Cambios La directora de la revista *Estrellas* quiere cambiar la conducta y los hábitos de sus empleados. Usa mandatos para escribir las instrucciones que ella les da.

Al reportero de celebridades. (tú)

1. no hablar / política No hables de política.
2. llevarse bien / con las estrellas ______________________
3. no ir / fiestas / con hambre ______________________
4. salir / todas las noches ______________________

A los fotógrafos. (ustedes)

5. no respetar / la vida privada de las estrellas ______________________
6. estar siempre / preparado ______________________
7. vestirse / mejor ______________________
8. tener / dos o tres cámaras ______________________

Al crítico de cine. (usted)

9. no ser / parcial ______________________
10. ir / a todos los estrenos ______________________
11. hacer / entrevistas ______________________
12. escribir / artículos divertidos ______________________

2

Carta a la directora Un lector enojado le escribe una carta a la directora de la revista *Estrellas.* Completa sus quejas usando los mandatos formales de los verbos entre paréntesis.

modelo

Al reportero de política: "*Sea imparcial.*" (ser imparcial)

1. Al fotógrafo: "______________________" (tomar clases)
2. A la redactora: "______________________" (escribir mejor)
3. Al crítico: "______________________" (irse de vacaciones)
4. A la directora de la película: "______________________" (hacer películas baratas)
5. Al que trabaja en la radio: "______________________" (cambiar de trabajo)
6. Al oyente: "______________________" (apagar la radio)
7. Al actor famoso: "______________________" (no hablar de política)
8. Al televidente: "______________________" (leer buenos libros)

Workbook

3 **Diva** Una actriz famosa le da órdenes a su secretario y luego él se las da a sus ayudantes. Usa los mandatos de **tú** y **ustedes** para escribir las órdenes.

1. traerme
   Actriz: Armando, ________________ todas las revistas de la última semana.
   Secretario: Rápido, chicos. ________________ las revistas. Están en la oficina.
2. darme
   Actriz: ¡Qué sed! ________________ un vaso de agua.
   Secretario: ¿Dónde pusieron el agua? ________________ el agua. ¡No, no! En un vaso de color verde. Ya saben que la señora sólo bebe del vaso verde.
3. escribirle
   Actriz: ¡Armando! ¡________________ una carta a mi familia ya mismo!
   Secretario: Asistentes, ________________ la carta a su familia ahora. Y, por favor, sin errores de ortografía.
4. pedir
   Actriz: ¿Dónde están las rosas blancas? ________________ las rosas blancas para la habitación antes de que llegue al hotel.
   Secretario: ¡Chicos, se olvidaron de las flores! ________________ mil rosas blancas para la habitación. ¡Ahora!
5. decirme
   Actriz: ¿Qué me ocurrirá hoy? ________________ el horóscopo del día.
   Secretario: ¿Dónde está el periódico de hoy? ________________ rápido el horóscopo del día.
6. romper
   Actriz: No soporto a los periodistas. ________________ las críticas negativas de estas revistas.
   Secretario: Ahora mismo. ________________ las críticas negativas de estas revistas.
7. contestar
   Actriz: ¡Qué emoción con tantas cartas! ________________ las cartas de los fans.
   Secretario: Chicos, dejen lo que están haciendo y ________________ todas las cartas de los fans.
8. entretener
   Actriz: ¡Qué molestos! Armando, ________________ a los periodistas, por favor, que quiero descansar.
   Secretario: Chicos, ________________ a los periodistas, que la señora quiere descansar. ¡Y sean eficientes al menos una vez!

4 **Consejos** Usa mandatos formales para escribir cinco consejos que un profesor de cine les da a sus estudiantes. Usa verbos de la lista.

estar	salir
hacer	ser
ir	tener

1. ________________________________
2. ________________________________
3. ________________________________
4. ________________________________
5. ________________________________

Workbook

COMPOSICIÓN

▪ Paso 1

Lee un resumen del cuento *La desesperación de las letras* de Ginés S. Cutillas.

El narrador miraba la tele cuando oyó un estruendo. Investigó el estruendo. Una masa de papel agonizaba en el suelo. Cogió la masa de papel. Notó un título y leyó el título: se trataba de *Crimen y Castigo*. La noche siguiente, la novela *Anna Karenina* se había suicidado. El narrador había descubierto la novela *Anna Karenina* en el suelo también. Al principio fueron los clásicos. Siguieron a los clásicos los de filosofía. Había noches de suicidios colectivos, pero el narrador no comprendía los suicidios colectivos. Una noche no encendió la televisión. Los libros no se suicidaron porque él vigiló atentamente los libros.

Vuelve a escribir el resumen, usando pronombres de complemento directo e indirecto donde sea posible para crear un párrafo más fluido.

____

____

____

____

____

▪ Paso 2

Empleando la técnica de escritura del uso de pronombres directos e indirectos del **Paso 1**, elige uno de estos temas, y escribe un breve párrafo expresando tu opinión. Recuerda usar los pronombres que estudiaste en la lección para crear un texto fluido y el subjuntivo para expresar tu opinión.

> ¿Es más importante la lectura que la televisión? ¿Por qué?
> ¿Sería un problema si la televisión reemplazara completamente a la literatura?
> ¿Qué aspectos hacen que una obra sea clásica? ¿Existen clásicos entre programas de televisión?

- Primero, elige un tema y realiza una lluvia de ideas (*brainstorm*) con palabras, frases y oraciones.
- Luego, selecciona el orden en que vas a escribir las ideas y haz un borrador (*draft*).
- Termina el párrafo con una oración que resuma lo que opinas.
- Comprueba el uso correcto de los pronombres y del subjuntivo.

____

____

____

____

____

____

____

Nombre ______________________ Fecha ______________________

PARA EMPEZAR

Lección 4

Workbook

1 **¿Quién es?** Escribe a qué miembro de la familia corresponde cada definición.

1. El marido de mi hija: ______________________
2. La madre de mi marido: ______________________
3. La madre de mi abuela: ______________________
4. Mi hermano que nació al mismo tiempo que yo: ______________________
5. El hijo de mi tío: ______________________
6. El segundo esposo de mi madre: ______________________
7. La hermana de mi madre: ______________________
8. La esposa de mi hijo: ______________________
9. El esposo de mi hermana: ______________________
10. El hijo de mi hermana: ______________________

2 **Invitación** Completa la conversación con las palabras de la lista. Haz todos los cambios necesarios.

agradecer	criar	lamentar	pariente	realizarse
carácter	insoportable	parecerse	quejarse	unido

GERMÁN Este domingo tengo que estar con mi familia. Nosotros somos una familia muy 1) ______________. Puedes venir conmigo si quieres. Aunque te tengo que decir que mi hermano menor es 2) ______________ a veces. No te va a dejar tranquila ni un segundo.

LUISA Gracias por la invitación. Te lo 3) ______________ mucho, pero este fin de semana un 4) ______________ viene a visitarme. Hace mucho que no lo veo.

GERMÁN Oh, ya veo. 5) ______________ que no puedas venir. ¿Quién viene a visitarte?

LUISA Un primo mío. Todo el mundo dice que 6) ______________ mucho. Podríamos ser hermanos.

GERMÁN ¿Sí? ¿Por qué?

LUISA Bueno, todo el mundo dice que los dos tenemos el mismo 7) ______________.

GERMÁN ¿Qué pasa? ¿Que tu primo también 8) ______________ todo el tiempo de todo? ¡Ay, cuánto trabajo! ¡Me duele todo! ¡Qué mal tiempo!...

3 **La familia de Tomás** Lee y completa el párrafo utilizando palabras apropiadas del vocabulario de esta lección.

A Tomás no le gustaba mucho su familia porque todos eran un poco peculiares. Aunque tenía siete tíos y muchísimos 1) ______________ de su edad, él siempre se sintió un poco solo porque era 2) ______________ y no tenía hermanos. Además, como sus padres se llevaban mal y 3) ______________ a menudo, él pasaba mucho tiempo con sus abuelos. Tomás era un chico muy obstinado y 4) ______________, y nunca hacía su tarea. Sus abuelos se enojaban y lo tenían que 5) ______________ casi todos los días. Los fines de semana, Tomás visitaba a sus tíos Pepe y Maite, que tenían dos hijas, Ingrid y Jimena. Las chicas eran 6) ______________ y por lo tanto Tomás nunca era capaz de distinguirlas. Además, ellas eran 7) ______________ y él siempre tenía que hacer lo que ellas decían. Por su familia peculiar, Tomás soñaba con estudiar en la universidad e 8) ______________ de sus padres.

Workbook

4 **La vida** Define cada etapa de la vida y escribe una actividad relacionada con ella.

modelo

Adolescencia: *La etapa de transición entre la niñez y la edad adulta. Generalmente, los adolescentes escuchan mucha música.*

1. Edad adulta: ______________________
2. Niñez: ______________________
3. Vejez: ______________________

5 **Asuntos familiares** Contesta estas preguntas con oraciones completas.

1. ¿Algún pariente tuyo es insoportable? ¿Quién? ¿Por qué?
2. ¿Cómo se manifiestan las brechas generacionales en tu familia? Da ejemplos específicos.
3. ¿Cómo se apoyan tú y los miembros de tu familia en tiempos difíciles?
4. ¿Cuál es el apodo más interesante en tu familia? ¿De quién es? ¿Por qué se lo pusieron?

6 **Anécdotas familiares** Tu familia se reúne para celebrar el aniversario de bodas de tus abuelos. Todos tus parientes cuentan historias divertidas sobre ellos. Escribe un párrafo para contar tu propia anécdota graciosa sobre uno de tus abuelos (o los dos). Utiliza al menos seis de estas palabras.

carácter	juventud	parecerse	quejarse	sobrevivir
honrado/a	mudarse	pelearse	regañar	vejez

SUEÑA

Lección 4

Centroamérica

1 **¿Cuánto sabes?** Contesta las preguntas con oraciones completas.

1. ¿Cuántos kilómetros hay entre Panamá y Guatemala?
2. ¿Qué países hispanohablantes forman parte de Centroamérica?
3. ¿Qué conecta la carretera Panamericana?
4. ¿Cuáles son algunas palabras y expresiones típicas del español centroamericano?
5. ¿Qué significa la palabra indígena "chirripó"?
6. ¿Qué pueden hacer los tiburones del lago de Nicaragua?
7. ¿Dónde está el segundo arrecife de coral más grande del mundo?
8. ¿Qué son y de dónde provienen las pupusas?
9. ¿Qué son las ruinas de Tikal?
10. ¿Cuánto duran las fiestas del Carnaval de Panamá?

En pantalla

2 **¿Cierto o falso?** Después de ver el reportaje, indica si lo que se dice en las oraciones es **cierto** o **falso**.

	Cierto	Falso
1. En el futuro los pequeños empresarios también se podrán beneficiar del turismo.	❍	❍
2. Se dice que hablar de Nicaragua es hablar de su gente.	❍	❍
3. El turismo no es un arma importante en la lucha contra la pobreza.	❍	❍
4. Todavía hoy Nicaragua sufre de mucha violencia y peligro, al igual que sus países vecinos.	❍	❍
5. Las cualidades y atributos naturales y culturales de Nicaragua están prácticamente sin explotar.	❍	❍
6. Los países de Centroamérica son, en turismo, los principales socios comerciales de Nicaragua.	❍	❍
7. El sol y la playa, la belleza arquitectónica y el ecoturismo se venden como los principales destinos de Nicaragua.	❍	❍
8. Los especialistas piensan que en la próxima década el turismo ocupará el tercer lugar en la economía nicaragüense.	❍	❍

Galería de creadores

Lección 4

1 **Identificar** Contesta las preguntas.

1. ¿Qué es una mola?

2. ¿Cuál es el tema de esta mola?

3. ¿Quiénes hacen las molas?

4. ¿Dónde viven?

5. ¿Qué adornan?

6. ¿Cuáles son los motivos más populares?

2 **Hispanos célebres** Contesta las preguntas.

1. ¿Quién es Gioconda Belli?

2. ¿Qué temas suele tratar Gioconda Belli en sus obras?

3. ¿Qué premio obtuvo con su obra *Línea de fuego*?

4. ¿De dónde es Armando Morales?

5. ¿Cuáles son algunas de las pinturas de Armando Morales?

6. ¿A qué edad empezó a pintar Mauricio Puente?

7. ¿Dónde podemos admirar algunas de las obras de Mauricio Puente?

Nombre ______________________ Fecha ______________________

Workbook

ESTRUCTURAS

Lección 4

4.1 The subjunctive in adjective clauses

1 **Reunión familiar** Los Ríos se reúnen todos los domingos para pasarlo juntos en familia. Empareja las frases de las dos columnas para formar comentarios que se escuchan en esta reunión familiar.

_____ 1. Busco el regalo	a. que te compré.
_____ 2. ¿Dónde encuentro unos platos	b. que sea bueno y que esté cerca de casa?
_____ 3. ¿Me recomiendas un colegio	c. que sean más grandes?
_____ 4. ¿Quién se bebió el vaso de vino	d. que sea maleducado.
_____ 5. ¿Dónde puedo comprar el libro	e. que traje para el abuelo?
_____ 6. Necesito la dirección del psicólogo	f. que trata adolescentes.
_____ 7. Quiero tener una familia	g. que quiere tu padre para su cumpleaños?
_____ 8. De todos mis hijos no hay ninguno	h. que no se pelee tanto.
_____ 9. ¿Viste las fotos	i. que tomé durante las vacaciones?

2 **Un maleducado** Roberto es un poco insoportable. Completa sus comentarios con la forma adecuada del presente del subjuntivo. Luego, escribe otros dos comentarios que Roberto pudo haber dicho.

1. Quiero tener cuñados que no me ________________ (caer) mal
2. Necesito hacer un viaje que me ________________ (llevar) lejos de aquí.
3. ¿Puedes darme un consejo que me ________________ (ayudar) a tolerar a esta familia?
4. Necesito una habitación que me ________________ (dar) un poco de paz.
5. No quiero hablar. Quiero ver un programa televisivo que ________________ (ser) divertido.
6. Gracias por el regalo, pero no necesito unos guantes que me ________________ (proteger) del frío. Ya tengo dos pares muy buenos.
7. ¿Hay algún pastel que no ________________ (estar) cubierto de chocolate? Odio el chocolate.
8. ¿Hay alguien en esta casa que ________________ (saber) cocinar bien?
9. ____
10. ____

Workbook

3 **Una prueba** Indica si estas oraciones requieren el uso de la preposición **a** (**a** personal).

1. ¿Conoces _____ alguien que organice fiestas de aniversario?
2. Busco _____ alguien que me ayude a organizar la mía.
3. Necesito _____ un grupo musical que sea bueno.
4. Lo siento, no conozco _____ nadie que sepa de ningún grupo.
5. ¿Conoces _____ un cocinero que sea bueno?
6. ¿Me recomiendas _____ un buen agente de viajes?
7. Quiero conocer _____ alguien que trabaje en un buen restaurante.
8. Acabo de conocer _____ una chef excelente.

4 **Antonio se queja demasiado** Antonio le cuenta a Beth algunos problemas que tiene. Completa el diálogo con los verbos entre paréntesis.

1. ANTONIO Tengo muchos problemas, Beth; ¿qué debo hacer?
   BETH Debes hablar con alguien que te __________ (escuchar) y que te __________ (entender).
2. ANTONIO Mi abuelo está enfermo y mi familia quiere que él haga un testamento (*will*).
   BETH Busca un abogado que __________ (ser) honesto y que __________ (tener) mucha experiencia.
3. ANTONIO Mis amigos dicen que tengo un carácter débil (*weak*).
   BETH Necesitas amigos que te __________ (querer) como eres.
4. ANTONIO Mi novia es muy egoísta y exigente.
   BETH No estés triste. Conozco a algunas mujeres que __________ (poder) estar a tu lado.
5. ANTONIO ¡Tengo el peor apodo (*nickname*) del mundo!
   BETH Tus amigos deben ponerte un apodo que te __________ (quedar) mejor.
6. ANTONIO Mi padre no quiere que yo estudie música.
   BETH Tienes derecho a elegir la carrera que más te __________ (gustar).
7. ANTONIO Mi madrastra es insoportable.
   BETH ¡No conozco a nadie que se __________ (quejar) tanto como tú!

5 **Ahora tú** Contesta las preguntas con oraciones completas. Usa el subjuntivo o indicativo en oraciones subordinadas adjetivas.

1. ¿Qué tipo de corte de pelo te gusta? ¿Qué corte te recomienda tu madre?
   ____
2. ¿Qué tipo de novio/a buscas? ¿Qué tipo de novio/a quiere tu padre para ti?
   ____
3. ¿Qué clase de trabajo necesitas? ¿Qué trabajo necesita tu mejor amigo/a?
   ____
4. ¿Cómo es la ropa que llevas? ¿Qué estilo de ropa llevan tus primos?
   ____
5. ¿Qué tipo de restaurantes conoces? ¿Qué tipo les recomiendas a tus padres?
   ____
6. ¿Cómo es tu clase ideal? ¿Qué clases deben tomar los estudiantes de primer año?
   ____

Nombre ______________________ Fecha ______________________

Workbook

4.2 Reflexive verbs

1 **¿Cuál elijo?** Completa las oraciones con el verbo adecuado usando el presente del indicativo.

1. Ana y Juan ___*acuerdan*___ (acordar – acordarse) no pelear más.
2. Ana y Juan ___*se acuerdan*___ (acordar – acordarse) de los buenos tiempos.
3. Carmen ______________ (ir – irse) temprano de la fiesta.
4. Carmen ______________ (ir – irse) a la fiesta muy mal vestida.
5. Martín y Silvia ______________ (llevar – llevarse) muy bien.
6. Martín y Silvia ______________ (llevar – llevarse) un regalo a los niños.
7. Sebastián ______________ (poner – ponerse) la camisa sobre la cama.
8. Sebastián ______________ (poner – ponerse) la camisa roja.
9. Susana ______________ (mudar – mudarse) el escritorio a una habitación más luminosa.
10. Susana ______________ (mudar – mudarse) a un apartamento nuevo.
11. Ana ______________ (reunir – reunirse) el material que necesita para terminar la tarea.
12. Ana ______________ (reunir – reunirse) con sus amigos para terminar la tarea.

2 **Hermana inocente** Mariana le cuenta a una amiga sobre su hermana Gertrudis. Escribe la forma adecuada (presente o infinitivo) del verbo correcto entre paréntesis para completar lo que dice.

Gertrudis dice cosas extrañas. Dice que mi novio Víctor es un desastre, que 1) ______________ (acercarse / maquillarse) a mí sólo para copiar mi tarea. Además, 2) ______________ (atreverse / levantarse) a decir que yo no 3) ______________ (ponerse / darse cuenta) de la brecha generacional entre él y yo. ¡Víctor sólo tiene un año más que yo! Gertrudis dice también que ningún otro chico va a 4) ______________ (secarse / fijarse) en mí mientras que yo esté con Víctor. Ella dice que voy a 5) ______________ (sorprenderse / vestirse) si 6) ______________ (enterarse / quitarse) de lo que él hace cuando no está conmigo. Creo que voy a 7) ______________ (peinarse / arrepentirse) de no escuchar a Gertrudis. Lo curioso es que ella 8) ______________ (morirse / despertarse) de envidia cuando ve a Víctor llegar a casa y hasta 9) ______________ (llevarse / olvidarse) de su telenovela, sólo por vigilarnos (*keep an eye on us*). Me pregunto si Gertrudis sueña con 10) ______________ (convertirse / irse) en su novia. Mi hermana no debe 11) ______________ (preocuparse / cepillarse) por nosotros. De todas maneras, cuando ella sale con Víctor, ¡yo no 12) ______________ (mudarse / quejarse)!

Workbook

3 **¡Sí!** Felipe y su hermana Felisa quieren ir al zoológico y dicen que sí a todo lo que su madre les pregunta. Completa la conversación con el pretérito de los verbos. No vas a usar todos los verbos de la lista.

acostarse	cepillarse	ducharse	peinarse	quitarse
bañarse	despertarse	lavarse	ponerse	secarse

MADRE ¿1) _______________ la cara? Es muy feo estar con la cara sucia.
LOS NIÑOS Sí, mamá, 2) _______________ la cara.
MADRE ¿3) _______________? Sería muy feo salir despeinados.
LOS NIÑOS Sí, mamá, 4) _______________.
MADRE ¿5) _______________ los dientes? Es importante hacerlo después de cada comida.
LOS NIÑOS Sí, mamá, 6) _______________ los dientes.
MADRE Felipe, ¿7) _______________ el pantalón marrón? Es el más limpio que tienes.
FELIPE Sí, mamá, 8) _______________ el pantalón marrón.
MADRE Felisa, ¿9) _______________ los zapatos viejos? No quiero que salgas con zapatos tan gastados.
FELISA Sí, mamá, 10) _______________ los zapatos viejos.
MADRE Bien. Entonces ya podemos ir al zoológico.

4 **Un secretario con paciencia** Miguel es el secretario de un director de espectáculos muy despistado (*absent-minded*). Completa las preguntas de Miguel. Usa las preposiciones **de, en** o **a**.

1. ¿Se acordó _____ hablar con el conjunto *Los maniáticos*?
2. ¿Se dio cuenta _____ que las invitaciones no están bien?
3. ¿Se acordó _____ que el líder del grupo se quejó _____ la decoración?
4. ¿Se dio cuenta _____ que los músicos se fijaron _____ la suciedad del escenario?
5. ¿Se enteró _____ que el chef está enfermo?
6. ¿Se acordó _____ que la banda quiere pizza y gaseosa (*soda*)?
7. ¿Se sorprendió _____ que los fans del grupo no quieran venir al concierto?
8. ¿Se acercó _____ la oficina del representante para ver si ya estaba todo arreglado?

5 **Dos rutinas** Escribe un párrafo para comparar tu rutina diaria con la de un pariente que sea muy diferente a ti (diferente estilo de vida, generación, carácter). Usa estos verbos y, por lo menos, dos más que no estén en la lista.

acostarse	cepillarse	maquillarse
afeitarse	ducharse	vestirse

____

____

____

____

____

Workbook

4.3 *Por* and *para*

1

Viaje por Centroamérica Empareja las frases de las dos columnas para formar los comentarios de dos viajeros en Centroamérica.

_____ 1. Viajaremos a la selva	a. para Nicaragua.
_____ 2. Tres meses en Centroamérica es muy poco tiempo	b. para completar nuestro itinerario.
_____ 3. El chico que conocimos trabaja	c. para nuestras familias.
_____ 4. El próximo fin de semana saldremos	d. para conocer la naturaleza.
_____ 5. Compramos unos regalos	e. para una compañía de aerolíneas.

2

De viaje Completa las oraciones con las expresiones de la lista. Hay una expresión que no debes usar.

por la casa de los tíos	por sólo 60 pesos	por toda la ciudad
por mí	por teléfono	por un año

1. Me quiero quedar en Centroamérica ______________________.
2. Puedo hacer una excursión al lago de Nicaragua ______________________.
3. Cuando vuelva del lago de Nicaragua, voy a pasar ______________________. Por fin los voy a conocer.
4. Mañana, voy a salir con mi nuevo amigo. A las diez va a pasar ______________________.
5. Él nos va a llamar ______________________.

3

Una reservación Completa esta conversación con **por** y **para**.

RECEPCIONISTA ¿Qué puedo hacer 1) ______________ usted?
CLIENTE Quisiera reservar una habitación.
RECEPCIONISTA ¿2) ______________ cuándo la necesita?
CLIENTE 3) ______________ el 2 de agosto.
RECEPCIONISTA ¿4) ______________ cuántas personas es la habitación?
CLIENTE 5) ______________ dos.
RECEPCIONISTA ¿6) ______________ cuánto tiempo la necesita?
CLIENTE 7) ______________ una semana completa.
RECEPCIONISTA Muy bien. ¿8) ______________ quién es la reservación?
CLIENTE 9) ______________ el señor Jiménez y su esposa.

4 **Una carta** Antonio acaba de recibir una carta de sus padres, quienes no están contentos con su viaje a Panamá. Completa la carta con expresiones de la lista.

no es para tanto	por allí	por mucho que
no estamos para bromas	por aquí	por primera vez
para colmo	por casualidad	por si acaso
para que sepas	por eso	por supuesto

Querido Antonio:

1) _______________ está todo bien y esperamos que 2) _______________ también lo esté. 3) _______________ lo pensemos y lo conversemos, tu padre y yo no estamos contentos con tu viaje. 4) _______________ en nuestras vidas estamos muy preocupados porque creemos que eres muy joven para hacer semejante viaje solo. Y ahora aparece tu amigo Pablo en Panamá. ¿Acaso él no vive en Costa Rica? ¿Qué hace ahora en Panamá? 5) _______________ que confiamos en ti. Pero uno nunca sabe y, 6) _______________, queremos que estés atento. 7) _______________, tu prima Merceditas conoció a un nuevo amigo muy bueno y muy simpático, pero que resultó ser un maleducado insoportable. Antonio, querido, te pedimos que tengas mucho cuidado. ¡No seas tan confiado! Un beso de papá y mamá que te quieren mucho.

P. D.: ¡Por favor! No se te ocurra alargar el viaje, 8) _______________ tan pesadas.

5 **Ahora tú** Completa las oraciones. Usa tu imaginación.

1. Hice un viaje por _______________.
2. Hice un viaje para _______________.
3. Vengo a la universidad por _______________.
4. Vengo a la universidad para _______________.
5. Quiero comprar una maleta por _______________.
6. Quiero comprar una maleta para _______________.

Workbook

COMPOSICIÓN

▪ Paso 1

Lee un fragmento del artículo *La herencia de los mayas.*

> "Hoy día, muchas personas de origen maya viven en ciudades y practican profesiones modernas. Muchos también viven en pequeñas poblaciones dedicadas especialmente al cultivo del maíz y del frijol. La mayoría de estos habitantes se dedica a las labores del campo, usando métodos de sus antepasados para el cultivo de la tierra. También ha resistido el paso de los siglos la elaboración de tejidos (*textiles*) y de cerámicas, que todavía tiene importancia en la economía de las poblaciones mayas."

Ahora, piensa en tu comunidad, ¿qué tradiciones han resistido el paso de los siglos en tu cultura?

▪ Paso 2

Sigue este plan de redacción para escribir una composición sobre la importancia de preservar las tradiciones. Usa el subjuntivo con oraciones subordinadas adjetivas, **por** y **para**, y algunos verbos reflexivos.

- Prepara una lista de palabras, expresiones e ideas relacionadas con la cultura en general y las tradiciones.
- Ordena las ideas de forma lógica y piensa en ejemplos específicos de tu propia cultura o del mundo hispano para ilustrar las ideas.
- Piensa en cómo introducir y terminar la composición. Puede ser una pregunta, un ejemplo, una anécdota personal, un dato estadístico, etc.
- Prepara un borrador (*draft*) con una introducción, el desarrollo de las ideas y la conclusión.
- Comprueba el uso correcto del subjuntivo, de los reflexivos y de las preposiciones **por** y **para**.
- Escribe la versión final de la composición.

Nombre ______________________ Fecha ______________________

Workbook

PARA EMPEZAR

Lección 5

1 **La naturaleza** Lee las descripciones y escribe la palabra que corresponde a cada una.

ave	cordillera	incendio	serpiente
ballena	erosión	lagarto	terremoto

1. ______________ → Es un animal enorme que vive en el océano.
2. ______________ → Es un fenómeno natural por el que se mueve la tierra.
3. ______________ → Un ejemplo es la cobra.
4. ______________ → Es un sinónimo de pájaro.
5. ______________ → Es un sinónimo de fuego.
6. ______________ → Es un grupo de montañas.

2 **La intrusa** Indica la palabra que no pertenece a cada grupo y luego escribe su definición.

1. el águila	el mono	el tigre	el león
2. el mar	seco	el río	la costa
3. el pez	la foca	la tortuga marina	el lobo
4. el combustible	la fuente	el recurso	la contaminación
5. agotar	conservar	desaparecer	extinguirse
6. prevenir	proteger	malgastar	mejorar

3 **Vacaciones** Completa este diálogo con las opciones de la lista.

aguantar	dañino	paisaje	puro	serpientes
aire libre	incendios	prevenir	sequía	terremotos

TAMARA Hola Enrique. ¿Adónde vas de vacaciones este año?

ENRIQUE Voy al lago. Ya sabes que me encanta estar al 1) ______________. Además, el 2) ______________ de la zona es increíble.

TAMARA Pero, ¿no te dan miedo las 3) ______________? He oído que el año pasado una picó (*bit*) a un turista.

ENRIQUE Me preocupan más los 4) ______________ forestales. Con tanto calor y sin lluvia, continúa la 5) ______________ y el riesgo de fuego es mayor que nunca.

TAMARA ¿Crees que vale la pena 6) ______________ todas esas cosas sólo por descansar?

ENRIQUE ¡Claro que sí! Deberías venir conmigo y respirar un poco de aire 7) ______________.

Nombre ______________________ Fecha ______________________

4 **Problemas y soluciones** Completa el párrafo con palabras y expresiones adecuadas del vocabulario de esta lección.

Durante los últimos años, diversos grupos medioambientales nos han alertado sobre los 1) ____________ que afectan a nuestro planeta. Parece cierto que la disminución de la 2) ____________ sobre la Antártida está provocando un aumento en el 3) ____________ global. Por otro lado, los niveles de 4) ____________ en el aire de grandes núcleos urbanos aumentan cada día, debido principalmente al alto 5) ____________ de energía y a la producción indiscriminada de basura. Por si esto fuera poco, cada día aumenta el número de especies en peligro de 6) ____________ a causa de la deforestación de zonas como la 7) ____________ amazónica. Aunque la situación parece crítica, todavía se puede solucionar. Se recomienda el uso de materiales reciclados y el desarrollo de fuentes de energía 8) ____________ que eviten la contaminación. ¡Entre todos podemos 9) ____________ nuestro planeta!

5 **Asuntos medioambientales** Contesta estas preguntas con oraciones completas.

1. ¿Te afecta la contaminación del aire directamente? ¿E indirectamente? Explica.
____
____
2. ¿Qué haces para prevenir la deforestación? ¿Valen la pena tus esfuerzos? Explica.
____
____
3. ¿Te preocupa la desaparición de la capa de ozono? ¿Está esta situación mejorando o empeorando? ¿Por qué?
____
____
4. ¿Por qué crees que las generaciones del pasado no pensaban en buscar energías renovables?
____
____

6 **¿Dónde vivir?** Tu mejor amigo/a está considerando un trabajo en un área rural, pero le gusta demasiado la ciudad. Explícale las ventajas de vivir cerca de la naturaleza. Usa al menos cuatro de las palabras y expresiones de la lista.

al aire libre	contaminación	mejorar	recursos naturales
bosque	medio ambiente	paisaje	respirar

____
____
____
____
____
____
____
____
____
____
____

SUEÑA

Lección 5

Colombia, Ecuador y Venezuela

1 **¿Cuánto sabes?** Contesta las preguntas.

1. ¿Qué cordillera atraviesa Ecuador, Colombia y Venezuela?
____
2. ¿Qué país tiene la mayor densidad de volcanes en su territorio?
____
3. ¿Cuál es la mayor atracción del Parque Nacional Cotopaxi?
____
4. ¿Cuándo fue la última vez que hizo erupción el volcán Cotopaxi?
____
5. ¿Dónde se encuentra el Parque Nacional El Cocuy?
____
6. ¿Cuáles son dos de los picos del Parque Nacional El Cocuy?
____
7. ¿Qué es el Salto Ángel?
____
8. ¿Cómo se puede ir al Salto Ángel?
____

En pantalla

2 **Seleccionar** Después de ver el reportaje, completa las oraciones con la opción correcta.

1. Mindo se encuentra a una hora de la ciudad de _____.
a. Bogotá b. Quito c. Caracas
2. El paseo en _____ por el río Mindo es muy seguro y también muy divertido.
a. crucero b. catamarán c. boyas
3. El mariposario de Mindo está a unos _____ metros del río aproximadamente.
a. cuarenta b. veinte c. cincuenta
4. El mariposario es un centro de reproducción e investigación de mariposas en _____.
a. cautiverio b. libertad c. la casa de un guía
5. Una mariposa vive normalmente alrededor de un _____.
a. mes b. año c. día
6. La tarabita de Mindo mide 530 _____ de largo y se conecta a la reserva ecológica de Mindo Nambillo.
a. pies b. kilómetros c. metros
7. En la reserva ecológica viven más de 400 especies de _____.
a. peces b. aves c. serpientes

Nombre ______________ Fecha ______________

Galería de creadores

Lección 5

1 **Identificar** ¿Cómo se titula esta pintura? ¿Quién es el/la artista?

2 **Analizar** Describe y analiza el contenido de la pintura.

1. Describe al hombre de la pintura.
2. ¿Qué crees que quiere expresar el pintor?
3. ¿Te gusta? ¿Por qué?

3 **Hispanos célebres** Contesta las preguntas.

1. ¿Quién es Marisol Escobar?
2. ¿Qué experiencias influyeron en su arte?
3. ¿Con qué materiales hace Marisol Escobar sus obras?
4. ¿De dónde es Gabriel García Márquez?
5. ¿Cuáles son algunas de sus obras literarias?
6. ¿Cuál es el estilo literario que hizo famoso a García Márquez?
7. ¿Qué tiene de particular el comienzo de la carrera de Carolina Herrera?

Nombre ______________________ Fecha ______________________

Workbook

ESTRUCTURAS

Lección 5

5.1 The future

1 **Cena especial** Mireya y Humberto van a una cena en casa de Sergio. Completa estas oraciones con el tiempo futuro.

1. Las cenas de Sergio son todas iguales. A la una de la tarde, Sergio ______________ (salir) para el supermercado, donde ______________ (comprar) todos los ingredientes.
2. Creo que él ______________ (hacer) su famosa carne asada (*roast*). Sin embargo, él no ______________ (poder) empezar a cocinar hasta las cuatro, porque primero ______________ (tener) que limpiar el apartamento.
3. Humberto y yo ______________ (vestirse) temprano porque, antes de ir a casa de Sergio, nosotros ______________ (pasar) por la pastelería por el postre.
4. Nosotros ______________ (llegar) a casa de Sergio a las siete y media. Los demás invitados no ______________ (deber) llegar hasta las ocho.
5. Humberto ______________ (querer) ayudar en la cocina, y yo ______________ (poner) la mesa mientras Sergio termina de cocinar.
6. Por fin, Sergio ______________ (venir) a la sala a charlar con todos. Él ______________ (distraerse) con la conversación y ______________ (olvidar) la comida. No importa porque, como siempre, los invitados le ______________ (decir) que comience a servirla.

2 **Proyecto** Completa este artículo sobre un grupo de científicos, usando el futuro de los verbos de la lista.

cazar	estudiar	poder
divertirse	mejorar	recibir
enseñar	nacer	saber
erradicarse	obtener	traducir

Un centro mexicano de investigación biológica 1) ______________ realizar un proyecto en una zona montañosa de Colombia. Seis científicos del centro viajan a ese país por seis meses para investigar a una población de monos. El grupo científico 2) ______________ a monos con una enfermedad contagiosa, y por eso sus miembros 3) ______________ vacunas antes de viajar. La comunidad que los espera 4) ______________ los detalles de la investigación cuando lleguen los expertos. Además, el equipo le 5) ______________ a los habitantes medidas de prevención contra la enfermedad. El equipo científico espera la recuperación de los monos de la región y dicen que muchas nuevas crías (*babies*) 6) ______________. No dudan de que la enfermedad 7) ______________ para siempre y la condición de vida de los monos 8) ______________. Los científicos llevan alimentos (*food*) para las expediciones fuera de la comunidad, pero en algunos pocos casos 9) ______________ aves comestibles que no estén en peligro de extinción. Seguramente, los investigadores 10) ______________ muchos datos útiles.

3

Planes Sergio e Isabel se casan y están haciendo planes. Reescribe cada oración usando una alternativa que también exprese el futuro.

modelo

Dentro de dos años tendremos cuatro hijos.
*Dentro de dos años **vamos a tener** cuatro hijos.*

1. Esta mañana salimos a comprar las invitaciones.
2. Pronto van a venir mis padres para conocerte.
3. En la boda, la banda va a tocar toda la noche.
4. Hoy encontraré nuestro primer apartamento.
5. Esta noche hacemos la lista de los invitados.
6. Mañana podremos descansar.

4

Especular Sergio preparó una cena para sus amigos y, mientras comen, él los observa. Usa el futuro de probabilidad para escribir lo que Sergio está pensando.

modelo

Veo que Mariela no está hablando con nadie.
¿Estará enojada?

1. Qué curioso que Beatriz se ponga el suéter.
2. Menos mal que Pedro y Rosa están de buen humor.
3. Sin embargo, Mireya no ha tocado su comida.
4. Me preocupa que Humberto esté bostezando (*yawning*).
5. Yo no estoy pasándolo bien.

5

Saber del futuro Escribe una composición para contar lo que pasará si no cuidamos nuestro planeta, usando las expresiones de la lista y otras. Escribe un título para tu composición.

calentamiento	extinguir
capa de ozono	inundar
combustible	plantas nucleares
consumo de energía	proteger

Título:

Nombre ______________________ Fecha ______________________

Workbook

5.2 The conditional

1

Noticias inciertas El condicional puede usarse para especular sobre situaciones inciertas. Escribe en condicional el verbo subrayado para cada uno de estos titulares.

1. El próximo verano <u>será</u> muy caluroso.
   ____
2. Nuevas investigaciones en China indican que los osos panda <u>se extinguirán</u>.
   ____
3. Los científicos afirman que <u>hay</u> muchas plantas sin descubrir.
   ____
4. Las partes más profundas del planeta <u>se encuentran</u> en el centro del océano Pacífico.
   ____
5. La deforestación de los bosques <u>puede</u> producir tremendas erosiones de suelos.
   ____
6. El gobierno <u>quiere</u> disminuir el consumo de energía eléctrica.
   ____

2

¿Qué hacemos? Marcos e Isabel hablan sobre el fin de semana. Completa la conversación usando el condicional.

MARCOS Oye, Isabel, tengo una idea. ¿Qué te parece si visitamos algún pueblo de las montañas este fin de semana con mis hermanos?

ISABEL Hmm, no sé si me 1) ______________ (gustar) una excursión a las montañas. Además, no sé cómo todo el equipaje 2) ______________ (caber) en ese auto tan pequeño que tiene tu hermano.

MARCOS No te preocupes, mujer. Nosotros sólo 3) ______________ (poner) en las mochilas cosas de extrema necesidad. Además, mis hermanos 4) ______________ (hacer) toda la comida.

ISABEL Hmm... Y, ¿qué 5) ______________ (usar) tú para dormir?

MARCOS No sé todavía qué carpas (*tents*) nosotros 6) ______________ (llevar). Yo 7) ______________ (poder) averiguar eso ahora mismo si quieres.

ISABEL Bueno, está bien. Entonces aquello 8) ______________ (valer) la pena. Después de todo, yo 9) ______________ (tener) que elegir entre quedarme sola en el apartamento o morirme de la risa con los chistes ridículos de tus hermanos.

3

Con amabilidad A los ayudantes del laboratorio no les gusta trabajar con Jaime porque éste sólo sabe dar órdenes. Completa el cuadro escribiendo cómo pedirías tú los mismos favores de forma educada.

modelo

Jaime	***Tú***
¡Dame el líquido azul!	*¿Me darías el líquido azul, por favor?*

1. ¡Mañana ven a la oficina a las ocho!	______________
2. ¡Pon las cosas en su lugar!	______________
3. ¡Sal a comprarme una botella de agua mineral!	______________
4. ¡Dime los resultados!	______________
5. ¡Llega temprano la semana próxima!	______________
6. ¡Apaga la computadora!	______________

Workbook

4 **No era así** Antes de viajar a Colombia, Sergio tenía ideas equivocadas sobre ese país. Lee sus ideas y luego completa las oraciones para explicar lo que creía antes y lo que sabe ahora.

modelo
Las ciudades colombianas son pequeñas.
Creía que *las ciudades colombianas serían pequeñas,* pero *algunas son muy grandes y cosmopolitas.*

1. Bogotá no tiene muchos parques.
   Suponía que ______; sin embargo, ______.
2. Las playas colombianas están contaminadas.
   Pensaba que ______, pero ______.
3. No hay mucha naturaleza.
   Creía que ______, pero ______.
4. El Carnaval de Barranquilla no me interesa.
   Me parecía que ______; por el contrario, ______.
5. No existen monos en el país.
   Estaba seguro de que ______; sin embargo, ______.
6. Se ven pocos animales en la selva amazónica.
   Me imaginaba que ______, pero ______.

5 **¿Qué pasaría?** Explica lo que posiblemente pasó en estas situaciones. Usa el condicional.

modelo
Una amiga que generalmente saca buenas notas no aprobó un examen.
No estudiaría bastante.

1. Una pareja que llevaba dos años junta decidió terminar la relación de repente.
   ______
2. Le escribiste un correo electrónico a una amiga hace una semana. Siempre contesta puntualmente, pero esta vez no ha contestado.
   ______
3. Hace un mes unos amigos fueron a Costa Rica a un parque nacional. Nadie sabe nada de ellos.
   ______
4. Tus padres acaban de volver de un crucero con dolores de estómago y vómitos.
   ______
5. Un amigo tuvo una entrevista para un trabajo que le encanta, pero no quiere contar cómo le fue.
   ______

6 **Auxilio** Te interesa trabajar como voluntario/a en una zona donde ocurrió una catástrofe. ¿Cómo ayudarías a las víctimas? Elige uno de los fenómenos de la lista y escribe un párrafo usando el condicional.

huracán	incendios	inundación	sequía	terremoto

______
______
______
______
______

Workbook

5.3 Relative pronouns

1 **Un nuevo trabajo** Valeria se quedó sin trabajo, pero pronto encontró otro. Completa las oraciones usando las cláusulas de la lista para saber lo que le ocurrió.

a. en que trabajé durante doce años
b. que tengo en el banco
c. que me dio el secretario
d. lo que quiero
e. con quien me llevo muy bien
f. quienes me ayudaron mucho
g. quien es un hombre muy respetado

1. El proyecto para proteger el medio ambiente _______________ se canceló la semana pasada.
2. Mis compañeros del proyecto, _______________, me dijeron que me llamarían para otros proyectos.
3. Pronto me llamaron y llené el formulario _______________ para colaborar en una organización nueva.
4. El presidente de esta organización, _______________, quiere que le ayude.
5. ¿Qué es _______________? Trabajar para que la contaminación no destruya nuestras vidas.
6. María, la directora del nuevo proyecto, _______________, desea que empiece lo antes posible.
7. Me gustan tanto los proyectos que hacen que no me importaría darles todo el dinero _______________.

2 **Un fotógrafo singular** Marcos habla de un proyecto de fotografía que le salió muy bien. Elige la opción correcta para completar cada oración.

1. La semana pasada fui al bosque con la cámara (que – con la cual – en que) _______________ compré hace poco.
2. El periodista que estaba conmigo, (de quien – quien – cuya) _______________ era muy amable, me ayudó con las fotos.
3. Lo primero que hice fue sacar una foto (en la que – con la que – por la que) _______________ se veía mucha basura por todas partes.
4. Después intenté tomar unas fotos de la reserva, (cuyos – cuyo – cuya) _______________ río tenía el agua contaminada.
5. Después fui con las fotos a reunirme con el director de la revista, (por quien – de quien – con quien) _______________ no me llevaba bien porque pensaba que yo no era un fotógrafo serio.
6. Le enseñé las fotos (que – los que – cuyas) _______________ eran para un artículo sobre el medio ambiente.
7. Él me dijo que eran muy buenas y que era la razón (por la cual – de la cual – en la cual) _______________ me daba otra oportunidad.
8. ¡Vaya sorpresa! El trabajo de fotógrafo (con el que – para el que – el que) _______________ me contrataron en la revista me encanta y el director y yo nos hicimos amigos.

Workbook

3 **Opciones** Lee las oraciones y reemplaza cada pronombre relativo subrayado con otro que sea posible.

modelo

La zona en la que viven miles de especies de aves se conoce por su buen clima.
la cual

1. Las colegas con las que trabajé el año pasado salen hoy para Ecuador.
2. Me llevo mal con mi compañera de apartamento, quien se niega a reciclar.
3. Los huracanes por los que tantos perdieron sus casas causaron más destrucción de lo pensado.
4. Su amigo, que echa basura en el bosque, no se preocupa por el medio ambiente.
5. El auto del futuro, para el que no se necesitará combustible, será más económico.
6. Se controla el consumo de agua por la sequía, contra la que se está luchando.

4 **Experimentos** Paula habla de lo que hizo para proteger los derechos de los animales. Une cada par de oraciones con un pronombre relativo para contar su historia. Haz otros cambios necesarios.

modelo

Yo trabajaba en un laboratorio. El laboratorio tenía cuatro empleados.
Yo trabajaba en un laboratorio que tenía cuatro empleados.

1. Yo tenía mucha experiencia. Había adquirido la experiencia en la selva amazónica.
2. Era una empresa muy grande. En la empresa investigaban nuevos medicamentos.
3. Yo me preocupaba por nuestros experimentos. Los experimentos se hacían a veces con animales.
4. A los dos meses yo pedí hablar con el director. A él también le preocupaban los animales.
5. El director me dijo que iba a crear un departamento nuevo. En este departamento sólo se iba a investigar con plantas.
6. Ojalá pronto todas las empresas dejen de experimentar con animales. Los animales tienen que ser protegidos.
7. El objetivo es humanitario. Tenemos que trabajar hacia ese objetivo.
8. Los demás químicos del laboratorio también están convencidos. Respeto mucho a los demás químicos del laboratorio.

COMPOSICIÓN

▪ Paso 1

Lee el artículo.

Gran explosión en la Selva de Yungas

Orán, 28 de abril de 2002. Científicos del grupo Águila dorada, que tienen un campamento en la Selva de Yungas, informaron que ayer por la noche hubo una gran explosión en el gasoducto Mergas. El fuego podía verse desde kilómetros de distancia. Aún no se tiene mucha información sobre los daños provocados, pero la selva está en peligro.

En 1998, la empresa Mergas quería construir un gasoducto que atravesaría* la Selva de Yungas, en el norte de la República Argentina. Muchos ecologistas protestaron: "Quisiéramos que las autoridades controlen la situación. Autorizar la construcción del gasoducto es como si autorizaran a destruir la selva, porque si hay un accidente, se quemará gran parte de ella. El lugar no es adecuado para construir un gasoducto. Hay mucho riesgo". Mergas respondió que estaría todo muy bien controlado: "Tomaremos todas las medidas de seguridad necesarias. Además, contribuiremos con la naturaleza, porque si se construye un gasoducto, los habitantes de la Puna tendrán gas. Si ellos tienen gas, no cortarán y quemarán árboles".

El gobierno de Orán creyó los argumentos de Mergas y autorizó la construcción del gasoducto. La empresa lo terminó de construir en 1999. El año pasado, hubo una pequeña explosión que fue rápidamente controlada. Los grupos ecologistas protestaron, pero el gobierno creyó nuevamente a Mergas: "No hay peligro. Todo está controlado".

¿Cómo explicará Mergas la explosión que hubo anoche? ¿Seguirá diciendo que no hay peligro? En 1998 dijeron que el gasoducto evitaría que los habitantes de la Puna cortaran y quemaran árboles. ¿Cuántos árboles se quemaron y se quemarán en este accidente? ¿Cuántos animales desaparecieron y desaparecerán? Hay especies de animales y de plantas que solamente existen en la Selva de Yungas. ¿Se extinguirán esas especies en este gran incendio? ¿Cuánto tiempo llevará recuperar la selva? ¿Se podrá recuperar?

atravesaría *would go through*

▪ Paso 2

Escribe un párrafo para responder a las preguntas que hace el periodista al final de la noticia. Escribe oraciones completas y termina con tu opinión sobre este tipo de problema medioambiental. Usa el futuro, el condicional y pronombres relativos.

- Primero, anota tus ideas; luego, organízalas y haz un borrador (*draft*).
- Termina la composición con una oración que resuma lo que opinas.
- Comprueba el uso correcto del futuro, del condicional y de los pronombres relativos.

Nombre ____________________ Fecha ____________________

Workbook

PARA EMPEZAR

Lección 6

1

La intrusa Indica la palabra que no pertenece a cada grupo y luego escribe una definición.

1. ladrón / terrorista / abogado / secuestrador
2. derechos humanos / igualdad / justicia / crueldad
3. pelear / elegir / votar / gobernar
4. violencia / seguridad / guerra / injusticia
5. ganar / oprimido / abusar / víctima
6. chantajear / espiar / robar / pacífico
7. libertad / amenaza / justicia / democracia
8. elegir / secuestrar / chantajear / destrozar

2

Ideas para el lema de la campaña Completa estos comentarios de varios candidatos políticos con las palabras de la lista.

dedicarse	ejército	igualdad	libertad
democracia	encarcelar	injusto	temor
derechos	huir	justicia	tribunal

1. La única forma justa de gobierno es la ____________.
2. Apoyamos la iniciativa de un ____________ que juzgue a todos los que espiaban al presidente.
3. Tenemos que ser valientes. No podemos vivir con ____________ a la amenaza terrorista.
4. Nuestro partido cree en la ____________ de todos los ciudadanos.
5. Debemos defender la ____________ de prensa.
6. Estamos cansados de ____________ de los problemas. Ha llegado el momento de dedicarse a defender nuestros ____________.
7. Un gobierno que no respeta los derechos humanos es un gobierno ____________.
8. El ____________, que se está preparando ante la posibilidad de una guerra, tiene que evitar que haya víctimas inocentes.

Workbook

3 **La transición** Completa el párrafo con palabras y expresiones adecuadas del vocabulario de esta lección.

La semana pasada, en mi clase de historia, hablamos de la transición española. Después de la muerte del dictador Francisco Franco en los años 70, España se convirtió en un país democrático. La transición fue muy importante porque el país pasó de una 1) ______ militar a una democracia de manera pacífica. Por primera vez en mucho tiempo habría unas 2) ______ democráticas en las que el pueblo español podría 3) ______ a su presidente. Aunque algunos militares en el 4) ______ no estaban muy contentos, afortunadamente casi no hubo 5) ______ y, en el año 1978, se 6) ______ la constitución. Con la llegada de la democracia, muchos 7) ______ se presentaron a las elecciones, y en el año 1982 las elecciones trajeron un cambio de 8) ______. Con este cambio, había la creencia de que el pueblo por fin tendría la 9) ______ que había esperado durante tantos años.

4 **Tu opinión cuenta** Contesta estas preguntas con oraciones completas.

1. ¿Prefieres un gobierno liberal o uno conservador? ¿Por qué?
______
______
2. Si un ladrón roba a los ricos para darles el dinero a los pobres, ¿deben encarcelarlo? ¿Por qué?
______
______
3. Se dice que el uso de la violencia genera más violencia. ¿Crees que esta afirmación es cierta? Explica tu opinión.
______
______
4. ¿Cuáles son las ventajas y desventajas de la democracia?
______
______
5. ¿Puede decirse que una dictadura tiene ventajas? Explica tus respuestas.
______
______

5 **¡En campaña!** Quieres presentarte a las elecciones presidenciales y demostrarles a los votantes que tus propuestas para gobernar son las mejores. ¡Convéncelos para que voten por ti! Usa al menos seis de estas palabras.

abuso	conservador	gobierno	liberal	seguridad
aprobar	escándalo	igualdad	oprimido	violencia

______
______
______
______
______
______
______
______

Nombre ____________________ Fecha ____________________

SUEÑA

Lección 6

Workbook

Chile

1 **¿Cuánto sabes?** Contesta las preguntas con oraciones completas.

1. ¿Con qué limita Chile al este y al oeste?
2. ¿Cuál es la anchura promedio del país?
3. ¿Qué islas famosas pertenecen al territorio chileno?
4. ¿De qué archipiélago forma parte la isla Robinson Crusoe?
5. ¿De qué cultura prehistórica son las ruinas que la isla de Pascua conserva?
6. ¿Cómo se llaman las esculturas de piedra que se encuentran en la isla de Pascua?
7. ¿Qué puede verse en el Parque Nacional Torres del Paine?
8. ¿Con qué país comparte Chile la isla de Tierra del Fuego?
9. ¿Cómo se llama el desierto que se encuentra en el norte de Chile?
10. ¿Cómo se llama la lengua de los mapuches?

En pantalla

2 **¿Cierto o falso?** Después de ver el reportaje, indica si cada oración es **cierta** o **falsa**. Corrige las falsas.

	Cierto	Falso
1. El mercado de bicicletas no es para todos los gustos.	❍	❍
2. Los materiales de las bicicletas más sofisticadas son los mismos que se usan en aeronáutica.	❍	❍
3. Hacer ejercicio es la principal razón por la cual la gente vuelve a usar bicicletas.	❍	❍
4. La bicicleta es la mejor forma de ahorrar: se ahorra en combustible y en salud.	❍	❍
5. La idea del proyecto de bicicletas públicas es que la gente no use más el metro.	❍	❍
6. Ocho kilómetros en bicicleta se pueden cubrir en más o menos una hora.	❍	❍

Galería de creadores

Lección 6

Workbook

1 Arte

A. Busca en tu libro los datos de esta pintura y complétalos.

Artista: ____________

Origen: ____________

Título de la pintura: ____________

Movimiento artístico: ____________

B. Observa atentamente la pintura. Describe y analiza lo que ves en ella. ¿Qué crees que quiere expresar el autor? ¿Qué efecto te produce?

2 Hispanos célebres

Hispanos célebres Contesta las preguntas con oraciones completas.

1. ¿Quién es Isabel Allende?
2. ¿Cuál fue la primera novela de Isabel Allende?
3. ¿Quién es Violeta Parra?
4. ¿Cuál es una de sus canciones más conocidas?
5. ¿Cuál es la profesión de Miguel Littín?
6. Dos de sus películas fueron nominadas al Óscar. ¿Cuáles?

Nombre ______________________ Fecha ______________________

Workbook

ESTRUCTURAS

Lección 6

6.1 The subjunctive in adverbial clauses

1 **Preparar el debate** Un grupo de asesores (*consultants*) está ayudando a un candidato político a prepararse para un debate. Completa sus consejos y comentarios con los verbos entre paréntesis.

1. Nunca admitas que te equivocaste a menos que tu adversario lo ______________ (mencionar) primero.
2. Es muy importante mirar siempre a la cámara para que el público te ______________ (creer).
3. No vas a ganar las elecciones sin que los electores ______________ (ver) que eres el mejor.
4. Cuando ______________ (empezar) el debate, te vas a sentir más relajado.
5. En cuanto ellos te ______________ (poner) el micrófono, empezará el debate.
6. Puedes no contestar una pregunta siempre que tú ______________ (pensar) que no es necesario hacerlo.
7. Después de que el presentador te ______________ (hacer) la última pregunta, nos vamos a celebrar.
8. Podrás ir a tu casa tan pronto como ______________ (ganar) las elecciones.

2 **El debate** El candidato político de la **actividad 1** está practicando lo que va a decir. Usa el subjuntivo o el indicativo de los verbos de la lista para completar sus oraciones.

cumplir	hacer
decir	ir
defender	levantarse
dejar	querer
elegir	seguir

1. Hasta que no ______________ los treinta años, no me interesó la política.
2. Todas las mañanas, en cuanto ______________, hago ejercicio.
3. Mis doctores me dicen que tengo muy buena salud y que, con tal de que ______________ con mi plan de ejercicio, estaré fuerte para las elecciones.
4. Iré a la reunión siempre que la prensa ______________ preguntas sobre mis ideas políticas y no sobre mi vida personal.
5. A mí me gusta saludar a todo el mundo cuando ______________ a una ciudad por primera vez.
6. Antes de que yo ______________ la política, mejoraré la economía del país.
7. Gobernaré junto con el partido de la oposición con tal de que ellos ______________ el bienestar de todos.
8. Prometo que seré un buen presidente luego de que el país me ______________.
9. Aunque mi adversario ______________ mentiras sobre mi carácter el mes pasado, yo nunca le haría lo mismo a él.
10. Para que mi partido y yo ______________ sus derechos, amigos míos, tienen que votar por nosotros.

Workbook

3 **Entrevista** Estás entrevistando a una candidata política. Lee sus respuestas y escribe las preguntas que le haces tú. Usa una cláusula adverbial con una conjunción distinta para cada pregunta.

modelo
¿Qué veremos cuando termine su gobierno?
Verán un mejor país con una democracia más sana.

1. ¿______________________?
   Voy a defender los derechos de todos.
2. ¿______________________?
   Quiero aprobar una ley para luchar contra el terrorismo.
3. ¿______________________?
   Me reuniré con las organizaciones de defensa del medio ambiente.
4. ¿______________________?
   No, no voy a hablar de mis planes para la paz.
5. ¿______________________?
   Prometo dedicarme a hablar con los grupos conservadores y liberales.

4 **Ahora tú** Imagina que acabas de ganar las elecciones a la presidencia de tu país. Escribe al menos seis oraciones del discurso que vas a dar en televisión después de saber que ganaste. Usa las expresiones de la lista y otras conjunciones.

a pesar de que	para que
cuando	siempre que
en cuanto	tan pronto como

6.2 The past subjunctive

1

La esperanza Escribe el pretérito imperfecto del subjuntivo del verbo **querer** para expresar estos deseos.

1. Yo ______________ un presidente justo.
2. Nosotros ______________ terminar con el terrorismo.
3. El país ______________ un futuro sin guerras.
4. Los países vecinos ______________ mejorar las relaciones internacionales.
5. Tú ______________ votar por el mejor candidato.
6. Ustedes ______________ seguridad en las calles.

2

La voz del pueblo Completa las oraciones con el pretérito imperfecto del subjuntivo de los verbos en estas frases.

ir a perder las elecciones	ser especialistas en política internacional
no entender lo que yo le estaba diciendo	ser suyo
no importarles el medio ambiente	todos nosotros tener mucho dinero

1. Gasta el dinero del partido como si ______________
2. Quieren seguir subiendo los impuestos como si ______________
3. Me miró como si ______________
4. Hablan de conseguir la paz como si ______________
5. En la reunión del partido, todos estábamos preocupados como si ______________
6. Tratan a los ecologistas como si ______________

3

En la oficina Completa la conversación entre unos compañeros de trabajo usando estos verbos en el pretérito imperfecto del subjuntivo. Usa cada verbo una sola vez.

aprobar	defender	hablar	secuestrar
chantajear	espiar	juzgar	seguir
dedicarse	estar	saber	ser

SERGIO ¡Estás equivocado! El candidato liberal se oponía a la reforma constitucional, él no creía que 1) ______________ necesaria.

MANUEL Me sorprendió que él no 2) ______________ el proyecto de la reforma, pero lo dijo en el debate. Por otro lado, él quería que su gobierno 3) ______________ una ley sobre el medio ambiente lo antes posible. No deseaba que todo 4) ______________ igual que antes.

SERGIO Y el candidato conservador no quería que los tribunales 5) ______________ a los políticos acusados de corrupción. No lo comprendo. Yo pensaba que él no iba a permitir que esos ladrones 6) ______________ en libertad, disfrutando del dinero de todos.

MARTA Esta vez, yo deseaba que los candidatos 7) ______________ de sus planes para el futuro y no 8) ______________ a pelear... ¡como siempre!

4 **Opiniones políticas** Unos amigos hablan de un debate político. Forma oraciones completas y haz todos los cambios necesarios. Conjuga el primer verbo en pretérito y el segundo en pretérito imperfecto del subjuntivo.

modelo

candidato opositor / desear / juntos / (nosotros) / mejorar / la economía
El candidato opositor deseó que juntos mejoráramos la economía.

1. nuestros representantes / decirle / ejército / luchar / contra / terrorismo
2. (yo) / aconsejar / gobierno / defender / víctimas / injusticia
3. partido opositor / exigir / sus miembros / poner / más atención
4. (ellos) / insistir / policía / encarcelar / ladrones
5. (tú) / pedir / instituciones / dedicarse / mejorar / democracia
6. moderadora / recomendar / (nosotros) / pelear / contra / abuso de poder
7. (yo) / rogar / (tú) / preocuparse / por / derechos humanos
8. (ustedes) / prohibir / (yo) / influir en / opiniones / de mi familia

5 **Personalmente** Completa estas oraciones para escribir sobre tu pasado.

modelo

La semana pasada mis padres me pidieron que los *acompañara a un museo, pero tuve que estudiar.*

1. Cuando yo era más joven, mis amigos siempre querían que yo
2. El semestre pasado yo esperaba que mis clases
3. Mis amigos y yo necesitábamos un(a) profesor(a) que
4. Una vez, un(a) pariente/a me aconsejó que
5. A todo el mundo siempre le sorprendió que
6. Antes mis profesores me recomendaban que

Nombre ______________________ Fecha ______________________

Workbook

6.3 Comparatives and superlatives

1 **Los candidatos** Lee las fichas de dos candidatos políticos. Luego completa las comparaciones con las palabras de la lista basándote en la información que leíste.

FICHA	FICHA
Enrique Araneda	Antonio Suárez
Edad: 46 años	Edad: 55 años
Estatura: 1,80 m	Estatura: 1,90 m
Estado civil: casado	Estado civil: casado
Hijos: tres	Hijos: tres
Estudios: Máster en Economía	Estudios: Máster en Ciencias Políticas, Máster en Economía
Ideología: Liberal	Ideología: Conservador
Experiencia política: gobernador por ocho años	Experiencia política: gobernador por cuatro años
Salario anual: $1.000.000	Salario anual: $1.000.000
Afiliado a: Organización de Sindicatos Unidos, Organización Ayuda Verde, Organización Mar Limpio	Afiliado a: Organización por la Paz, Organización Acción Popular, Organización de Políticos Católicos

como	que	tantas
más	tan	tanto
menos	tanta	tantos

1. Enrique Araneda es ___más___ joven ______________ Antonio Suárez.
2. Enrique Araneda tiene ______________ hijos ______________ Antonio Suárez.
3. El candidato conservador tiene ______________ experiencia política ______________ el liberal.
4. Antonio Suárez es ______________ rico ______________ Enrique Araneda.
5. El candidato liberal tiene ______________ estudios ______________ el conservador.
6. El candidato conservador está afiliado a ______________ organizaciones ______________ el liberal.

2 **Más información** Repasa la información de la **actividad 1** y contesta las preguntas sobre los candidatos. Escribe oraciones completas.

1. ¿Qué candidato te parece que muestra más preocupación por el medio ambiente? ¿Por qué?
____
2. Antonio Suárez realizó más estudios de posgrado que Enrique Araneda. ¿Qué ventaja tiene el candidato Araneda sobre su oponente?
____
3. En tu opinión, ¿quién tiene menos posibilidades de ganar? ¿Por qué?
____
4. Basándote en la información de las fichas, ¿por cuál votarías tú? ¿Por qué?
____

Workbook

3 **No estoy de acuerdo** Escribe una comparación para cada par de oraciones.

modelo

Agustín es inteligente. Roberto es muy inteligente.
Roberto es más inteligente que Agustín.

1. María gana mil pesos al mes. Gloria gana dos mil pesos al mes.
2. Diego sabe español, francés y ruso. Ana sabe inglés, alemán y griego.
3. Ernesto tiene veintinueve años. Sebastián tiene veintidós años.
4. Ana habla mal en público. Francisco habla muy mal en público.
5. Susana es una empleada lenta. Mariola es una empleada rápida. Berta es una empleada muy rápida.
6. Las presentaciones de Roberto son malas. Las presentaciones de Tomás son aceptables. Las presentaciones de Néstor son buenas.
7. Martín da cinco entrevistas por semana. El alcalde da cinco entrevistas por semana.

4 **Una carta** Un candidato está viajando mucho para su campaña electoral. Lee la carta que le escribió a su familia y complétala con **más/menos** o **tan/tanto/a(s)**.

Querida familia:

Ya estoy en Santiago. Llegué hace dos días. Estoy alojado en el Hotel Internacional. No me gusta para nada. Me gustó mucho más el Hotel Central de Viña del Mar. Este hotel es 1) ________ elegante como el de Viña, pero yo estoy 2) ________ contento aquí que allá. Aquí hay 3) ________ habitaciones como en el Hotel Central, pero hay 4) ________ comodidades. La habitación es 5) ________ grande como la de Viña, pero la cama es 6) ________ cómoda y el servicio de habitación es 7) ________ frecuente que en el Hotel Central. En Viña, el ascensor es nuevo y por eso es 8) ________ rápido. Sin embargo, el salón es 9) ________ cómodo que el de aquí. También extraño la comida de Viña. El desayuno es 10) ________ rico aquí como en Viña, pero los meseros son 11) ________ amables allá. Mañana mismo voy a cambiar de hotel. Después voy a escribirles para contarles dónde voy a estar las próximas dos semanas. Deséenme suerte. Las elecciones están cerca y creo que vamos a ganar.

Un beso grande para todos.

Enrique

Nombre ______________________ Fecha ______________________

Workbook

COMPOSICIÓN

▪ Paso 1

Contesta las preguntas.

1. ¿Te interesa la política? ¿Por qué? ______________________
2. ¿Piensas que la democracia es el mejor tipo de gobierno? ¿Por qué? ______________________
3. Si tuvieras el poder para hacerlo, ¿qué ley aprobarías? ¿Por qué? ______________________

▪ Paso 2

Escribe un artículo de opinión sobre un(a) político/a del pasado o de la actualidad. Usa comparativos y superlativos, dos verbos en subjuntivo con oraciones adverbiales y otros dos en pretérito imperfecto del subjuntivo.

- Inicia tu artículo presentando a la figura que has elegido.
- Explica por qué te interesa hablar de esta persona. ¿Es alguien popular? ¿Por qué lo crees?
- Explica las ideas que tiene. ¿Te identificas con sus ideas?
- Ordena tus ideas y escribe un borrador (*draft*).
- Concluye el artículo explicando brevemente por qué estás de acuerdo o no con las ideas de ese/a político/a. Agrega un dato de intéres, una pregunta, etc.
- Comprueba el uso correcto de las estructuras gramaticales.

PARA EMPEZAR

Lección 1

1 **Opuestos** Vas a escuchar cinco oraciones. Repite cada oración diciendo lo opuesto. Después de cada respuesta, escucha la opción correcta.

modelo

Tú escuchas: Mariela está muy feliz.
Tú lees: enojada / emocionada / ansiosa
Tú dices: Mariela está muy enojada.

1. se casa / discute / cuenta
2. tacaño / gracioso / mentiroso
3. ligan / se enamoran / se odian
4. separarse de / casarse con / romper con
5. se sienten bien / se llevan bien / se enojan

2 **Identificar** Marta te va a dar una breve descripción de Caro, su compañera de apartamento. Marca los adjetivos que escuches en su descripción.

____ cariñosa	____ madura
____ falsa	____ mentirosa
____ graciosa	____ orgullosa
____ harta	____ preocupada
____ inolvidable	____ tacaña
____ insensible	____ tempestuosa

3 **Una carta muy especial** Rosa, una psicóloga, tiene un programa de radio en el que da consejos sobre problemas sentimentales. Escucha mientras Rosa lee una carta. Después, completa las oraciones con la opción correcta.

1. La persona que escribe la carta es ____.
   a. un chico joven b. un señor mayor c. un hombre casado
2. Los amigos de Antonio ____.
   a. no tienen experiencia en temas sentimentales b. son geniales c. siempre tienen celos de él
3. Antonio piensa que ____.
   a. su novia está agobiada por Juan Carlos b. su novia coquetea con Juan Carlos c. su novia odia a Juan Carlos
4. Antonio no quiere hablar con Juan Carlos sobre este problema porque ____.
   a. Juan Carlos es sensible b. Antonio es tímido c. Antonio es orgulloso
5. Antonio ____.
   a. no quiere discutir con su novia b. quiere discutir con Juan Carlos c. quiere discutir con sus amigos

Lab Manual

ESTRUCTURAS

1.1 The present tense

1 **Nueva compañera** Marta está buscando una nueva compañera de apartamento. Escucha los mensajes que dos candidatas le han dejado y relaciona cada cualidad con la persona adecuada.

CANDIDATAS	Andrea	Yolanda
es tranquila		
come en la cafetería		
estudia mucho		
es activa		

2 **Para conocernos mejor** Marta y Yolanda han decidido salir juntas el viernes por la tarde para conocerse mejor y determinar si deben ser compañeras de apartamento. Ahora están decidiendo qué hacer esa tarde. Escucha su conversación dos veces y después completa las oraciones.

1. Marta y Yolanda están leyendo _______________.
   a. una revista de chismes b. el periódico c. un folleto de la ciudad
2. Marta lee el periódico _______________.
   a. para ver qué pueden hacer el viernes b. para leer las noticias policiales c. para relajarse
3. El viernes por la noche, Yolanda quiere _______________.
   a. salir con amigos b. ir a la discoteca c. ir al teatro
4. Hablando de dinero, Yolanda _______________.
   a. quiere pagar los boletos b. puede pagar boletos caros c. no quiere pagar boletos caros
5. Marta dice que los boletos para el teatro los puede conseguir _______________.
   a. su padre b. su amigo Raúl c. su madre
6. Van a cenar _______________.
   a. a la casa de Marta b. a un restaurante elegante c. al restaurante de Raúl
7. La próxima vez que salga con Marta, Yolanda _______________.
   a. va a organizar otra salida b. va a dejar a Marta hacer los planes c. va a mirar televisión
8. Marta y Yolanda _______________.
   a. se llevan mal b. no se caen bien c. se llevan muy bien

Nombre ______________________ Fecha ______________________

1.2 *Ser* and *estar*

1

Un noviazgo singular Pedro y su novia Leticia se quieren mucho, pero existen muchas diferencias de personalidad entre ellos. Mira el dibujo y elige **cierto** o **falso** para cada oración que escuches. Si es falsa, corrígela escribiendo una oración con **ser** o **estar**.

	Cierto	Falso	
1.	❍	❍	______________________
2.	❍	❍	______________________
3.	❍	❍	______________________
4.	❍	❍	______________________
5.	❍	❍	______________________
6.	❍	❍	______________________

2

Aprendiendo español Alan está estudiando español este semestre, pero no sabe cuándo debe usar **ser** y cuándo debe usar **estar**. Escucha a Alan mientras lee las oraciones que ha escrito para su composición y elige el verbo correcto después de escuchar cada frase.

1. Soy / Estoy
2. soy / estoy
3. somos / estamos
4. son / están
5. ser / estar
6. es / está
7. es / está
8. somos / estamos

3

¿Qué significa? Escucha cinco oraciones y elige el significado correcto para cada una.

1. a. Esta fruta es de color verde.
   b. Esta fruta no debe comerse todavía.
2. a. Me quiero ir. No me gustan las fiestas.
   b. Me quiero ir. No me gusta esta fiesta.
3. a. Ese actor no ha muerto.
   b. Ese actor es rápido e inteligente.
4. a. Esos zapatos le quedan bien a una persona alta como tú.
   b. Esos zapatos hacen que te veas más alta.
5. a. Mi niña se porta mal.
   b. Mi niña está enferma.

Lab Manual

1.3 *Gustar* and similar verbs

1 **¡Qué aburrido!** Escucha esta breve conversación entre Roberto y Rosa y contesta las preguntas.

1. A Roberto le aburren ____________.
   a. las fiestas de cumpleaños b. los conciertos c. sus amigos
2. Según Rosa, Roberto sólo se tiene que preocupar de ____________.
   a. comprar un pasaje de autobús b. comprar un boleto c. llevarle un regalo a Alicia
3. Según Roberto, Alicia le cae ____________.
   a. mal b. fatal c. bien
4. A Roberto ____________.
   a. no le gustan los conciertos b. le encantan los conciertos c. le gustan sólo los conciertos de rock
5. Le molestan ____________.
   a. los sitios con música fuerte b. los sitios donde hay mucha gente c. los sitios donde hay poca gente
6. Rosa le dice que pueden verse ____________.
   a. más tarde ese día b. otro día c. al día siguiente

2 **Curiosidad** Rosa está en una fiesta de cumpleaños y una amiga le está haciendo preguntas sobre otros invitados. Escucha las preguntas de la amiga y respóndelas con la información entre paréntesis. Después de responder cada pregunta, escucha la respuesta correcta.

modelo
Tú escuchas: ¿Por qué no está Roberto en la fiesta?
Tú lees: (disgustar / fiestas)
Tú respondes: Porque le disgustan las fiestas.

1. (no gustar / chocolate)
2. (interesar / canciones de moda)
3. (disgustar / ruido)
4. (caer bien)
5. (preocupar / lluvia)
6. (no gustar / esta música)

3 **Te toca a ti** Ya es hora de hablar un poco sobre ti, ¿no crees? Escucha cada pregunta dos veces y contesta según tu opinión o tus preferencias personales. Puedes usar la información entre paréntesis.

1. (actividades / tiempo libre) ______________________
2. (actor o cantante / fascinar) ______________________
3. (mejor amigo/a / molestar) ______________________
4. (futuro / preocupar) ______________________
5. (clase / aburrir) ______________________
6. (vida / faltar / feliz) ______________________

Nombre _______________ Fecha _______________

LITERATURA

1 **Escuchar** Escucha el fragmento y marca si lo que afirman las oraciones es **cierto** o **falso**.

	Cierto	Falso
1. Es de noche.	❍	❍
2. Hace viento.	❍	❍
3. El enamorado está escribiendo un poema.	❍	❍
4. No se conocen.	❍	❍
5. Su amor no era correspondido.	❍	❍

2 **Escuchar** Escucha el fragmento y marca si lo que afirman las oraciones es **cierto** o **falso**.

	Cierto	Falso
1. El poeta está alegre.	❍	❍
2. El poeta se siente triste porque ya no están juntos.	❍	❍
3. El poeta piensa que va a conseguir verla de nuevo.	❍	❍
4. La alegría de las personas a su alrededor (*around him*) le va a ayudar.	❍	❍
5. Alguien está cantando en la distancia.	❍	❍

3 **Escuchar** Escucha el fragmento y marca si lo que afirman las oraciones es **cierto** o **falso**.

	Cierto	Falso
1. Él la busca con la mirada.	❍	❍
2. Él piensa que todavía son los mismos.	❍	❍
3. El poeta dice que ya no la quiere.	❍	❍
4. El poeta cree que ella está con otro hombre.	❍	❍
5. Al poeta le encantan los ojos de ella.	❍	❍

4 **Escuchar** Escucha el fragmento y marca si lo que afirman las oraciones es **cierto** o **falso**.

	Cierto	Falso
1. Él está seguro de lo que siente por ella.	❍	❍
2. El poeta piensa que va a ser fácil olvidarse de ella.	❍	❍
3. Él está harto de ella.	❍	❍
4. A él le duele la separación.	❍	❍
5. El poeta cree que es posible que no vuelva a escribirle otro poema.	❍	❍

VOCABULARIO

Las relaciones personales

Ahora escucharás el vocabulario que está al final de esta lección del libro. Escucha con atención cada palabra o expresión y después repítela.

Lab Manual

Nombre ______ Fecha ______

PARA EMPEZAR

Lección 2

1

Identificación Isabel está de visita en la ciudad y le pregunta a su hermana Elena el camino para llegar al centro comercial. Escucha las instrucciones de Elena y ayuda a Isabel a poner estas notas en orden. Ordena las notas escribiendo el número correspondiente junto a cada una.

______ autobús	______ estación de bomberos
______ banco	______ letrero
______ avenida	______ puente

2

Indicaciones equivocadas Escucha fragmentos de las indicaciones de la **actividad 1** y corrige la información falsa. Sigue el modelo.

modelo

Tú escuchas: ... después de doblar en la esquina, cruza el puente...
Tú lees: Isabel cruza la plaza.
Tú escribes: No, Isabel cruza el puente.

1. Isabel toma nota de la dirección.
______
2. Al salir del centro comercial, Isabel cruza la avenida.
______
3. Isabel para en la esquina del banco.
______
4. Isabel baja del autobús en la calle de la estación de bomberos.
______
5. Isabel cruza el puente y ve un estadio.
______

3

De regreso... Son las cinco de la tarde e Isabel ya ha regresado de las compras. Escucha la conversación que tiene con Elena y, después, elige la opción más adecuada para completar las oraciones.

1. Cuando Isabel regresa del centro comercial, Elena...
   a. está hablando con la vecina. b. está mirando la televisión. c. está hablando con sus amigas.
2. A Isabel le gusta...
   a. el arte. b. pasear. c. mirar la televisión.
3. Elena quiere...
   a. ir al estadio. b. manejar el carro. c. estacionar en el museo.
4. Cerca del estadio, siempre hay...
   a. transporte público. b. fanáticos de fútbol. c. mucho tráfico.
5. Isabel se va a duchar porque...
   a. tiene que volver a salir. b. regresó a pie. c. quiere relajarse.

Lab Manual

ESTRUCTURAS

2.1 The preterite

1 **Isabel** Isabel llamó a su novio para contarle cómo fue su semana. Su novio no contesta el teléfono y ella le deja un mensaje. Escucha el mensaje y luego marca si lo que afirman las oraciones es **cierto** o **falso.**

	Cierto	Falso
1. Salió por la noche.	❍	❍
2. Conoció a algunas amigas de su hermana.	❍	❍
3. Isabel se divirtió en casa de Elena.	❍	❍
4. No pudo dormir bien.	❍	❍
5. Compró regalos en un centro comercial.	❍	❍

2 **Respuestas** El novio de Isabel le manda un mensaje por correo electrónico con las siguientes preguntas sobre sus vacaciones. Lee las respuestas y di qué contestó Isabel en cada caso. Después, escucha la respuesta correcta y repítela.

modelo

Tú escuchas: ¿Cómo te lo pasaste estos días?
Tú lees: Muy bien.
Tú dices: Isabel se lo pasó muy bien estos días.

Respuestas de Isabel:

1. Muy amable.
2. Muchas cosas.
3. Muy bien.
4. Un día a las doce del día.
5. A pasear.
6. Un museo y un partido de béisbol.
7. Nada.
8. A la discoteca.

3 **Diligencias** Isabel le pregunta al novio si pudo hacer algunas diligencias. Lee la lista para contestar sus preguntas y añade la información adicional. Después, escucha la respuesta correcta y repítela.

modelo

Tú escuchas: ¿Compraste nuestro postre favorito?
Tú lees: ir al supermercado
Tú dices: Fui al supermercado y compré nuestro postre favorito también.

✓ 1. dar de comer a los gatos
✓ 2. llamar a la compañía de teléfonos
✓ 3. leer los anuncios del periódico
✓ 4. empezar a pintar la cocina de abuela
✓ 5. pedirle una cita a mi profesor de inglés
✓ 6. decirles a mis padres que necesito dinero

2.2 The imperfect

1 **Cuando era soltera...** Elena está pensando en cómo era su vida antes de conocer a su marido y mudarse a las afueras de la ciudad. Escucha lo que dice y después contesta las preguntas.

1. ¿Qué hacía Elena todas las noches? Elena ________________ todas las noches.
   a. miraba televisión b. iba al cine c. salía con sus amigas
2. ¿Se relajaba a menudo? ________________ en su apartamento.
   a. No, ella nunca se relajaba b. Sí, ella se relajaba a menudo c. No, ella no se relajaba porque trabajaba
3. ¿Cómo pagaba sus compras? Siempre pagaba todo con ________________.
   a. tarjetas de débito b. tarjetas de crédito c. dinero en efectivo
4. ¿Tenía dinero? ________________.
   a. No, tenía muchas deudas b. Sí, tenía mucho dinero c. No, pero no tenía deudas
5. ¿Por qué lo pasaba fatal? Lo pasaba fatal porque ________________.
   a. no tenía vida nocturna b. era muy orgullosa c. era muy tímida

2 **El gran cambio** Elena era antipática y decidió cambiar. Usa la información sobre su situación en el pasado para describir a la Elena de antes. Después, escucha la respuesta correcta y repítela.

modelo

Tú escuchas: Ahora yo hablo con mucha calma.
Tú lees: muy rápido
Tú dices: Antes yo hablaba muy rápido.

En el pasado

1. con estrés y ansiedad
2. cada cinco minutos
3. una persona agresiva
4. por los detalles más pequeños
5. muy temprano los fines de semana
6. nunca
7. de mal humor
8. la persona más antipática

3 **El mal humor** De adolescente, Elena se enojaba mucho y reaccionaba de forma negativa a las situaciones. Escucha lo que ella dice sobre su adolescencia y escribe cada reacción negativa.

modelo

Tú escuchas: Si mi hermana no me prestaba sus juguetes, yo le gritaba.
Tú lees: los juguetes
Tú escribes: Gritaba.

Situación	Reacción negativa de Elena
los deportes	
ganar el partido	
perder el partido	
preguntas de familia	
el autobús	
chistes de amigos	

Lab Manual

2.3 The preterite vs. the imperfect

1

El robo Mientras escuchas la conversación entre Mateo y el policía, indica si oyes la forma del pretérito, del imperfecto o de los dos.

Infinitivo	Pretérito	Imperfecto
1. escuchar		
2. estar		
3. oír		
4. tener		
5. ser		
6. decir		
7. ver		
8. dar		
9. poder		
10. faltar		

2

¡Qué susto! Vuelve a escuchar la conversación de la **actividad 1** y, después, determina si las oraciones son **ciertas** o **falsas.**

	Cierto	Falso
1. Mateo estaba en la cama cuando su esposa escuchó unas voces.	❍	❍
2. Cuando escuchó las voces eran las tres o las cuatro de la mañana.	❍	❍
3. Mateo le dijo a su esposa que no oía nada.	❍	❍
4. La vecina escucha la radio por las noches.	❍	❍
5. Lo primero que notó Mateo es que el dinero ya no estaba.	❍	❍
6. Mateo no se dio cuenta de que faltaba el televisor.	❍	❍
7. El policía le dijo a Mateo que necesitaban buscar pistas.	❍	❍
8. Mateo sabe exactamente quién entró en su apartamento.	❍	❍

3

Las notas del detective Usa estos fragmentos para completar la descripción que Elena le hace a un detective. Haz cualquier cambio que sea necesario. Después, escucha la respuesta correcta y repítela.

modelo

Tú escuchas: ¿Qué notó cuando miró por la ventana?
Tú lees: árboles / moverse
Tú dices: Noté que los árboles se movían.

1. calle / estar / tranquila
2. hacer / bastante / viento
3. haber / chico / calle
4. perro / ladrar (*to bark*)
5. dos personas / hablar / con / chico

Lab Manual

LITERATURA

1 **Escuchar** Escucha el fragmento y marca si lo que afirman las oraciones es **cierto** o **falso.**

	Cierto	Falso
1. Son las cinco de la tarde.	❍	❍
2. Está lloviendo.	❍	❍
3. En el café, hay un padre con cinco hijos pequeños.	❍	❍
4. La muchacha camina rápidamente hacia su mesa.	❍	❍
5. Ella pide una limonada.	❍	❍

2 **Escuchar** Escucha el fragmento y marca si lo que afirman las oraciones es **cierto** o **falso.**

	Cierto	Falso
1. A ella le gusta la limonada con azúcar.	❍	❍
2. Es seguro que está escribiendo un diario.	❍	❍
3. Es mayo de 1976.	❍	❍
4. La muchacha es hermosa.	❍	❍
5. El joven es menor que la muchacha.	❍	❍

3 **Escuchar** Escucha el fragmento y marca si lo que afirman las oraciones es **cierto** o **falso.**

	Cierto	Falso
1. El joven toma limonada.	❍	❍
2. Él mira a la muchacha y sonríe.	❍	❍
3. Empieza a llover otra vez.	❍	❍
4. La muchacha escribe una nota para el joven.	❍	❍
5. El mesero no sabe lo que dice la nota.	❍	❍

4 **Escuchar** Escucha el fragmento y marca si lo que afirman las oraciones es **cierto** o **falso.**

	Cierto	Falso
1. El mesero está enojado.	❍	❍
2. El joven es tímido.	❍	❍
3. La muchacha se va sin pagar.	❍	❍
4. El joven paga la cuenta de la muchacha.	❍	❍
5. El joven y la muchacha tienen una cita.	❍	❍

Nombre ______________________ Fecha ______________________

VOCABULARIO

En la ciudad

Ahora escucharás el vocabulario que está al final de esta lección del libro. Escucha con atención cada palabra o expresión y después repítela.

Lab Manual

Nombre ______________________ Fecha ______________________

PARA EMPEZAR

Lección 3

1 **Seleccionar** Vas a escuchar una serie de palabras y expresiones. Escribe la palabra que no está relacionada con las demás.

modelo

Tú escuchas: el periodista, la prensa, la telenovela
Tú escribes: la telenovela

1. ______________________
2. ______________________
3. ______________________
4. ______________________
5. ______________________
6. ______________________
7. ______________________
8. ______________________

2 **Identificación** Escucha las definiciones y anota el número que corresponde a cada palabra definida.

____ los actores	____ la revista sensacionalista
____ la transmisión en vivo	____ el locutor
____ el estreno	____ el público
____ la pantalla	____ la telenovela
____ la portada	____ los titulares

3 **Programación televisiva** Escucha el siguiente anuncio de una cadena de televisión e indica qué programación televisiva corresponde a cada uno de los días de la semana indicados. (*7 items*)

lunes	miércoles	viernes	domingo

Lab Manual

ESTRUCTURAS

3.1 The subjunctive in noun clauses

1 **Los medios** Dos estudiantes de periodismo hablan sobre los medios. Escucha su conversación y luego indica si lo que afirman las oraciones es **cierto** o **falso**.

	Cierto	Falso
1. Daniel piensa que los medios deben ser imparciales.	❍	❍
2. Marisa prefiere que los periodistas no den sus opiniones personales.	❍	❍
3. Marisa duda que los directores de las cadenas de televisión sigan instrucciones.	❍	❍
4. Daniel piensa que su amiga no es idealista.	❍	❍
5. Daniel no niega que es importante obedecer a los jefes.	❍	❍
6. Marisa piensa que es triste que las noticias sean un negocio.	❍	❍

2 **Mentiras** Estás trabajando para una publicación sensacionalista y tu jefe inventa historias que no son verdad. Usa el subjuntivo para reaccionar a lo que dice. Después, repite la respuesta correcta.

modelo

Tú escuchas: Jon Bon Jovi se divorcia después de su próximo concierto.
Tú lees: No es posible que
Tú dices: No es posible que Jon Bon Jovi se divorcie después de su próximo concierto.

1. Dudo que
2. No creo que
3. Es poco seguro que
4. No es verdad que
5. No es probable que
6. Es imposible que

3 **Opiniones** Marisa responde a unos comentarios de Daniel. Usa estos fragmentos para formar sus oraciones. Decide entre el indicativo y el subjuntivo, haciendo todos los cambios necesarios. Después, repite la respuesta correcta.

modelo

Tú escuchas: Los periodistas preparan buenos reportajes.
Tú lees: es horrible / no ser / imparcial
Tú dices: Pero es horrible que los periodistas no sean imparciales.

1. es extraño / leer / revistas / sensacionalistas
2. es ridículo / entrevistar / actores / malos
3. no dudo / aprender / mucho / navegando / red
4. es sorprendente / no poner / noticias
5. es cierto / enseñarnos / muchísimo
6. es seguro / comprar / productos / inútil

Nombre ______________________________ Fecha ______________________________

3.2 Object pronouns

1 **Muchos regalos** Los amigos de la actriz Sara Manol han organizado una fiesta sorpresa para celebrar el estreno de su nueva película. Mientras esperan a que llegue, Gonzalo hace preguntas sobre los regalos. Sigue el modelo y después repite la respuesta correcta.

modelo

Tú escuchas: ¿Quién le regaló este disco?
Tú lees: Julia
Tú escribes: Julia se lo regaló.

1. el secretario: ______________________________
2. yo: ______________________________
3. su novio: ______________________________
4. dos fotógrafos: ______________________________
5. nosotras: ______________________________
6. tú: ______________________________

2 **A limpiar** Sus amigos no quieren que Sara ayude a limpiar después de la fiesta, pero ella quiere saber quién hace qué. Sigue el modelo y después repite la respuesta correcta.

modelo

Tú escuchas: ¿Quién debe lavar los platos?
Tú lees: Orlando
Tú contestas: Orlando los debe lavar. / Orlando debe lavarlos.

1. Antonio y Silvia
2. nosotros
3. Marcos
4. yo
5. ellas
6. Calixto y yo

3 **Aclaraciones** Los productores de la próxima película de Sara Manol están muy confundidos. Usa pronombres personales para aclarar sus confusiones. Sigue el modelo y después repite la respuesta correcta.

modelo

Tú escuchas: ¿Yo le anuncié la noticia a la directora?
Tú lees: no
Tú contestas: No, ella se la anunció a usted.

1. no
2. sí
3. no
4. no
5. sí
6. sí

Lab Manual

Nombre ____________________ Fecha ____________________

3.3 Commands

1

A sus órdenes El director de la cadena le está dando órdenes a César. Señala las nuevas responsabilidades de César.

_______ 1. Sacar todos los libros de la biblioteca

_______ 2. Limpiar las mesas del restaurante chino

_______ 3. Comprar la comida para todos sus compañeros

_______ 4. Recoger la lista del mercado

_______ 5. Subir al primer piso para ayudar a los redactores

_______ 6. Recoger la basura

_______ 7. Traerle café al director

_______ 8. Limpiar la sala de periodistas

_______ 9. Preparar los informes para la recepcionista

_______ 10. Cortarle el pelo a su jefe

2

¡Ayuda! César le da consejos a un amigo en su primer día de trabajo porque el director de la cadena tiene muy mal humor. Escucha los consejos y cámbialos a mandatos. Sigue el modelo.

modelo

Tú escuchas: Debes ser puntual.
Tú lees: puntual
Tú escribes: Sé puntual.

1. ______________________________ durante las horas de trabajo.
2. ______________ mucho café, ______________ cansado nunca.
3. ______________________________ las tareas rápidamente.
4. ______________________________ a trabajar todos los fines de semana.
5. ______________________________ seis periódicos cada mañana.
6. ______________________________ de usted.
7. ______________________________ el reloj cuando estés delante de él.
8. ______________________________ las cosas con calma.

3

Nuevo jefe Ahora César es el jefe de la cadena. Usa estos fragmentos para completar los mandatos formales que les da a sus empleados. Después, repite la respuesta correcta.

modelo

Tú escuchas: ¿Preparo su oficina para los candidatos?
Tú lees: sala de reuniones
Tú dices: No, prepare la sala de reuniones.

1. Puerto Rico
2. las solicitudes
3. el fotógrafo
4. la biblioteca
5. el caso de los televidentes enojados

Lab Manual

Nombre ______________________ Fecha ______________________

LITERATURA

1 **Escuchar** Escucha la lectura y marca si lo que afirman las oraciones es **cierto** o **falso**. (Lectura grabada por el propio autor.)

	Cierto	Falso
1. El protagonista estaba mirando la tele cuando oyó un estruendo.	❍	❍
2. *Anna Karenina* fue el primer libro que encontró en el suelo.	❍	❍
3. La biblioteca estaba creciendo a pasos agigantados.	❍	❍
4. Había noches de suicidios colectivos.	❍	❍
5. Una noche el protagonista no encendió la televisión.	❍	❍

2 **Elegir** Escucha la lectura nuevamente y elige la mejor palabra o frase para completar cada oración. (Lectura grabada por el propio autor.)

1. El estruendo se escuchó en...
   a. la biblioteca.
   b. la cocina.
   c. la sala.
2. Una masa inconsistente de papel...
   a. agonizaba a los pies de la estantería.
   b. gritaba que apagaran la tele.
   c. lloraba desconsolada.
3. Los libros...
   a. se estaban desintegrando.
   b. se estaban cuidando.
   c. se estaban suicidando.
4. Cuanto más clásico era un libro, ...
   a. menos ganas tenía el protagonista de leerlo.
   b. más probabilidad tenía de suicidarse.
   c. menos probabilidad tenía de suicidarse.
5. Cuando el protagonista decidió no encender la televisión, ...
   a. no se despertó ninguno.
   b. no se leyó ninguno.
   c. no se suicidó ninguno.

3 **Opinar** Escucha las preguntas y contéstalas usando los verbos y las expresiones de la lista.

es bueno	es probable	es una lástima	preferir	sorprender
es imposible	es necesario	no es verdad	siento	temer

1. ____
2. ____
3. ____
4. ____
5. ____

Lab Manual

Nombre Fecha

VOCABULARIO

Los medios de comunicación

Ahora escucharás el vocabulario que está al final de esta lección del libro. Escucha con atención cada palabra o expresión y después repítela.

Lab Manual

Nombre ______________________ Fecha ______________________

PARA EMPEZAR

Lección 4

1

¿Qué quiere decir? Pedro está hablando por teléfono. Escucha sus comentarios y selecciona la oración que exprese mejor la misma idea.

1. _____ a. Fueron novios durante dos años. Ayer María y Juan se separaron.
   _____ b. Fueron novios durante dos años. Ayer María y Juan se divorciaron.
   _____ c. Fueron novios durante dos años. Ayer María y Juan se mimaron.
2. _____ a. Los padres de Manuel lo apoyan mucho.
   _____ b. Los padres de Manuel lo respetan en todas sus decisiones.
   _____ c. Los padres de Manuel lo regañan siempre.
3. _____ a. Mi hermano es muy sumiso con sus hijos.
   _____ b. Mi hermano es muy exigente con sus hijos.
   _____ c. Mi hermano está muy unido a sus hijos.
4. _____ a. Mi sobrino Julián tiene problemas de autoestima.
   _____ b. Sus amigos lo llaman de otra manera.
   _____ c. Mi sobrino Julián es mandón.

2

El novio de Beth Cristina y Bernardo, los padres de Beth, están hablando del novio que su hija les presentó ayer. Escucha atentamente y marca los adjetivos que escuches.

_____ bien educado	_____ estricto
_____ honrado	_____ generoso
_____ insoportable	_____ maleducado
_____ egoísta	_____ mandón
_____ rebelde	_____ sumiso

3

El novio de Beth 2 Vuelve a escuchar la conversación entre Cristina y Bernardo, los padres de Beth, y completa las oraciones.

1. La madre de Beth es menos ______________________ que el padre.
2. Según Cristina, el novio de Beth es ______________________ y ______________________.
3. El muchacho ______________________ al primo Rafael.
4. Rafael se independizó en su ______________________.
5. Bernardo piensa que Cristina y él ______________________ demasiado a Beth.

Lab Manual

ESTRUCTURAS

4.1 The subjunctive in adjective clauses

1

Tu familia Imagina que un estudiante extranjero viene a pasar un semestre con tu familia. Escoge la opción adecuada para completar cada oración que vas a escuchar.

1. a. que obedecen b. que obedezcan
2. a. que nos cae b. que nos caiga
3. a. que nos dice b. que nos diga
4. a. que trabajan b. que trabajen
5. a. que no se pelea b. que no se pelee
6. a. que tenemos b. que tengamos

2

Cambio de escuela Mercedes quiere que sus hijos cambien de escuela y le deja un mensaje a Marta, su compañera de trabajo, para pedirle que le recomiende una. Escucha el mensaje y luego complétalo añadiendo las partes que faltan (*are missing*).

Hola Marta, no sé si vas a poder ayudarme, o si conoces a alguien 1) ________________, pero quiero que mis niños cambien de escuela y pensé que quizás tú conoces alguna que sea buena. Busco una escuela 2) ________________ bilingüe, y necesito 3) ________________ excelentes y también que tengan mucha paciencia. Prefiero una escuela que esté cerca de mi trabajo, pues cerca de casa no hay ninguna 4) ________________. Mi suegro me recomendó una escuela muy buena, pero es muy cara, y yo necesito una 5) ________________. ¿Conoces alguna escuela? Muchas gracias.

3

Suposiciones Contesta las preguntas de Mercedes sobre la escuela que le recomendó Marta. Sigue el modelo. Después, repite la respuesta correcta.

modelo

Tú escuchas: Hay maestros que hablan alemán, ¿verdad?
Tú lees: No, ni un maestro
Tú dices: No, no hay ni un maestro que hable alemán.

Respuestas de Marta

1. No, nadie
2. Sí, varios
3. No, nunca
4. Sí, un curso anual
5. No, ninguna maestra
6. Sí, una en particular
7. No, jamás
8. No, ni una sola

Lab Manual

4.2 Reflexive verbs

1 **¡Qué diferentes!** Roberto y Jorge son muy diferentes. Mira las ilustraciones e indica si lo que escuchas sobre ellos es **cierto** o **falso**.

Roberto

Jorge

	Cierto	Falso
1.	❍	❍
2.	❍	❍
3.	❍	❍
4.	❍	❍
5.	❍	❍

2 **La familia** Escucha la descripción de la familia de Marta y conecta la(s) persona(s) de la columna A con la actividad correspondiente en la columna B.

A	B
_____ 1. Andrés	a. levantarse temprano para arreglarse
_____ 2. Rosa	b. vestirse muy elegantemente
_____ 3. Papá	c. olvidarse de quién es su familia
_____ 4. Mamá	d. quitarse la ropa y vestirse solo
_____ 5. Alberto	e. ducharse y vestirse en quince minutos
_____ 6. El abuelo	f. quejarse porque sólo hay un baño

3 **Y después** Escucha lo que les pasó a estas personas y escoge un verbo de la lista para decir qué ocurrió después. Luego, escucha la respuesta correcta y repítela. (*6 items*)

modelo

Tú escuchas: Josefina escogió la ropa perfecta para su entrevista importante.
Tú escoges: vestirse
Tú dices: Y después se vistió.

acordarse	llevarse
arrepentirse	mudarse
convertirse	quejarse
despertarse	quitarse
dormirse	vestirse

Nombre Fecha

4.3 *Por* and *para*

1

¿Qué hacemos? María y su amigo Steve están de vacaciones en México. Escucha su conversación y complétala con **por** o **para**.

1. a. por b. para
2. a. por b. para
3. a. por b. para
4. a. por b. para
5. a. por b. para
6. a. por b. para
7. a. por b. para
8. a. Por b. Para

2

Por y para Contesta estas preguntas usando **por** y **para.** Usa pronombres de objeto directo cuando sea posible. Sigue el modelo y repite las respuestas correctas.

modelo

Tú escuchas: cuidar a mis sobrinos
Tú lees: ¿Por qué fuiste a casa de tu cuñada?
Tú dices: Fui para cuidar a mis sobrinos.

Preguntas

1. ¿Cómo encontraron ellos el museo?
2. ¿Compraste un regalo?
3. ¿Dónde trabajó tu primo?
4. ¿Cómo vinieron ustedes con tanto tráfico?
5. ¿Te pagaron cien mil pesos?
6. ¿Hasta cuándo vivió con su familia?

3

Steve, el intranquilo Usa estos fragmentos para contestar las preguntas de Steve. Usa **por** y **para.** Sigue el modelo, y después, escucha la respuesta correcta y repítela.

modelo

Tú escuchas: ¿Por qué compramos estos boletos?
Tú lees: (nosotros) / comprar / viajar / tren
Tú dices: Los compramos para viajar por tren.

1. (nosotros) / pasar / pequeño / pueblo
2. (tú) / ir / México
3. (nosotros) / tomar / llegar / rápido / hotel
4. (ellas) / tener / estar / teatro / ocho
5. (yo) / querer / llamar / teléfono / esta noche
6. (yo) haber / contestar / con / paciencia / que / saber

Nombre ____________________ Fecha ____________________

LITERATURA

1 **Escuchar** Escucha el fragmento y marca si lo que afirman las oraciones es **cierto** o **falso**.

	Cierto	Falso
1. Fray Bartolomé se perdió en la selva.	❍	❍
2. Fray Bartolomé está en España.	❍	❍
3. El fraile esperaba ayuda de sus amigos.	❍	❍
4. El fraile empezó a pensar que iba a morir.	❍	❍
5. Él quiso acordarse de su patria.	❍	❍

2 **Escuchar** Escucha el fragmento y marca si lo que afirman las oraciones es **cierto** o **falso**.

	Cierto	Falso
1. El religioso se durmió.	❍	❍
2. Había un grupo de indígenas mirándolo.	❍	❍
3. Los indígenas querían ayudarlo.	❍	❍
4. Él sabía que iba a morir.	❍	❍
5. Conocía perfectamente la lengua indígena.	❍	❍

3 **Escuchar** Escucha el fragmento y marca si lo que afirman las oraciones es **cierto** o **falso**.

	Cierto	Falso
1. El religioso no pensó un plan para escapar.	❍	❍
2. Recordó que iba a haber un eclipse de sol.	❍	❍
3. Los indígenas le creyeron.	❍	❍
4. El religioso estaba muy orgulloso de su cultura.	❍	❍
5. Los indígenas se reunieron.	❍	❍

4 **Interpretar** Escucha el fragmento. Después escucha las preguntas y contéstalas.

1. ____

____

2. ____

____

Lab Manual

Nombre Fecha

VOCABULARIO

En familia

Ahora escucharás el vocabulario que está al final de esta lección del libro. Escucha con atención cada palabra o expresión y después repítela.

Lab Manual

Nombre ______________________ Fecha ______________________

PARA EMPEZAR

Lección 5

1 **Identificación** Escucha el siguiente segmento de un programa de noticias. Después, indica qué palabras de la lista se mencionan.

_____ aire	_____ inundaciones
_____ agotar	_____ peligro
_____ costas	_____ prevenir
_____ erosión	_____ río
_____ huracán	_____ sequía

2 **El medio ambiente** La universidad ha organizado un programa para los estudiantes interesados en proteger el medio ambiente. Escucha las tres opciones y completa las oraciones.

1. Para los estudiantes que se preocupan por el ______________________ y quieren ayudar a ______________________ la ______________________, la universidad ha organizado tres programas. El primer programa se llama ______________________ limpia y se ocupará de organizar equipos de investigación y educar al público.

2. El segundo programa se llama ______________________ azul y estará dedicado a ______________________ las ______________________ marinas y vigilar la limpieza de las ______________________ y playas. Los voluntarios quitarán toda la ______________________ que encuentren y les explicarán a empresarios locales los ______________________ de echar materiales ______________________ en el agua.

3. El programa Ayuda va a pedir dinero para animales víctimas del ______________________ humano, como las vacas, los cerdos, las ______________________ y las ______________________. La mayoría de sus colaboradores están en contra de comer carne y piensan que cuidar la ______________________ es el deber de todos.

3 **El extraterrestre** Tienes un nuevo amigo extraterrestre que quiere conocer más sobre la Tierra. Por eso te hace preguntas bastante obvias. Contéstalas con oraciones completas. Después, repite la respuesta correcta.

modelo

Tú escuchas: ¿Qué es una cordillera?
Tú lees: cadena / montañas
Tú dices: Una cordillera es una cadena de montañas.

1. lugar seco / con / poca lluvia
2. destrucción / bosques
3. animal enorme / vivir / océanos
4. movimiento fuerte / tierra
5. perseguir (*chase*) animales / para / matarlos

Lab Manual

ESTRUCTURAS

5.1 The future

1 **El futuro** Escucha las predicciones del futurólogo Rapel e indica si cada afirmación es **cierta** o **falsa**.

	Cierto	Falso
Los bosques		
1. Desaparecerán casi por completo.	❍	❍
2. No tendrán animales.	❍	❍
3. Serán como un desierto.	❍	❍
4. Tendrán muchos pájaros.	❍	❍
Los océanos		
5. Los mares se quedarán sin agua.	❍	❍
6. Los océanos se contaminarán.	❍	❍
7. No habrá playas limpias.	❍	❍
8. El agua estará llena de basura.	❍	❍
Los seres humanos		
9. Destruirán la naturaleza completamente.	❍	❍
10. No saldrán a pasear.	❍	❍
11. Vivirán felices.	❍	❍
12. No viajarán a otros lugares.	❍	❍

2 **Cambiar** Transforma cada oración usando el pronombre que ves como sujeto. Después, repite la respuesta correcta.

modelo

Tú escuchas: Yo protegeré los animales de nuestros bosques.
Tú lees: nosotros
Tú dices: Nosotros protegeremos los animales de nuestros bosques.

1. ella
2. nosotros
3. tú
4. ellos
5. usted
6. yo

3 **División del trabajo** La presidenta de un grupo ambiental se queja de lo mal que se hizo todo el mes pasado. Respóndele con oraciones completas. Después, repite la respuesta correcta.

modelo

Tú escuchas: ¡Nadie tomó nota en la última reunión!
Tú lees: de ahora en adelante / Mariana
Tú dices: De ahora en adelante Mariana tomará nota.

1. esta noche / los nuevos miembros
2. este viernes / yo / también
3. la semana que viene / nosotras
4. en el futuro / tiempo / varias presentaciones
5. la próxima vez / tú
6. el mes que viene / todo

Lab Manual

Nombre ______________________ Fecha ______________________

5.2 The conditional

1 **Después de la excursión** Susana y sus amigos acaban de regresar de las montañas. Escucha mientras ella te explica qué hizo cada persona y elige la mejor opción.

1. a. Tendría prisa. b. Estaría sonando (*ringing*).
2. a. Necesitaría hablar con ella. b. Querría sacar una foto del paisaje.
3. a. Estarían cansados. b. Tendrían hambre.
4. a. Estaría aburrido. b. Echaría de menos a su novia.
5. a. Tendrían frío. b. Querrían bañarse.
6. a. Tocaría muy bien. b. No sabría tocar ningún instrumento.
7. a. Querría hablar. b. Desearía dormir.
8. a. Tendría ganas de bailar. b. Necesitaría irse.

2 **Qué emoción** Susana está muy emocionada después de su excursión. Vas a escuchar dos veces lo que le cuenta a su madre. Indica si cada afirmación es **cierta** o **falsa**. Corrige las falsas.

	Cierto	Falso
1. Cuando llegó Susana, estaba nublado y nadie creía que haría sol. ______________________	❍	❍
2. Los padres de Susana dirían que ella y sus amigos estaban locos. ______________________	❍	❍
3. Susana pensó que dormiría mejor que nunca. ______________________	❍	❍
4. Josefina dijo que llevaría su repelente contra insectos. ______________________	❍	❍
5. Susana y sus amigos jamás imaginaron que comerían carne de serpiente. ______________________	❍	❍
6. Ellos pensaron que el guía los abandonaría en la selva. ______________________	❍	❍

3 **Reacciones** El director del club de excursiones de tu escuela te pregunta cómo reaccionarías en diferentes situaciones. Combina un verbo de la columna A y una opción lógica de la columna B.

modelo

Tú escuchas: Imagina que ves un oso. ¿Qué harías?
Tú combinas: tirarse; al suelo y no haría nada
Tú dices: Me tiraría al suelo y no haría nada.

A	B
1. llamar	a. algunas cosas en mi mochila.
2. llevarle	b. de alegría.
3. tratar	c. un árbol para cruzar con el tronco.
4. buscar	d. al médico inmediatamente.
5. cortar	e. de convencerla de que no hay ningún peligro.
6. encender	f. una fogata (*bonfire*) para llamar la atención.
7. organizar	g. mi equipo de primeros auxilios para curarlo.
8. saltar	h. una búsqueda de comida conducida por el que se lo comió todo.

Lab Manual

5.3 Relative pronouns

1 **El zoológico** Los representantes del zoológico se han reunido para mejorar la calidad de vida de los animales. Escucha lo que ocurre en la reunión y selecciona la mejor opción.

1. a. Los responsables del zoológico aprobaron el proyecto cuyo presupuesto es bajo.
   b. Los responsables del zoológico aprobaron el proyecto que tiene un presupuesto altísimo.
2. a. El especialista que trabaja con los monos es de Cuba.
   b. El especialista de Cuba, quien está mejorando el área donde viven, quiere trabajar con los monos.
3. a. La responsable de las serpientes, la cual tiene problemas en la piel, ordenó unas vitaminas.
   b. La responsable de las serpientes quiere darles vitaminas a las que tienen problemas en la piel.
4. a. La entrevistadora llamó al candidato, quien vive en Miami.
   b. La entrevistadora llamó al candidato para el trabajo de cuidar a los leones, los cuales viven en Miami.
5. a. El empleado quería cambiar de lugar a los tigres, los cuales no tenían mucho espacio.
   b. El empleado, cuyos tigres tenían espacio, pidió que no se cambiaran de lugar.
6. a. Contrataron a un nuevo ayudante, el cual está especializado en aves exóticas.
   b. Contrataron a un nuevo ayudante que se va a especializar en aves exóticas.

2 **Animales** Escucha las descripciones de cada animal y luego forma una oración con el pronombre relativo en la secuencia indicada. Después, repite la respuesta correcta.

modelo

Tú escuchas: El león prefiere descansar de día. El león es el rey de la selva.
Tú lees: que / rey / de día
Tú dices: El león, que es el rey de la selva, prefiere descansar de día.

1. que / simpático / banana
2. la cual / cabeza / costa
3. el que / emergencia / niños
4. las cuales / hermosas / Ecuador
5. cuya / dieta / acuática
6. a los que / nadar / durmiendo

3 **Descanso** Durante un descanso de la reunión del zoológico, dos compañeros se entretienen describiendo lo que está pasando en la oficina. Escucha las descripciones y contesta las preguntas.

1. ¿Qué chica está sentada a la derecha?
   La chica ______________________ está sentada a la derecha.
2. ¿Qué mono está encima de la mesa?
   El mono ______________________ está encima de la mesa.
3. ¿Qué abogados de la empresa están de pie?
   Los abogados ______________________ saber nada nunca más están de pie.
4. ¿Cuál es el representante del ayuntamiento?
   El representante del ayuntamiento es ______________ esa camisa amarilla tan horrible.
5. ¿Quién está sentada a la izquierda?
   La veterinaria ______________________ está sentada a la izquierda.
6. ¿Quién está al otro lado de la puerta?
   El chico moreno ______________________ está al otro lado de la puerta.

Nombre ______________________ Fecha ______________________

LITERATURA

1 **Escuchar** Escucha el fragmento y selecciona la opción que mejor completa cada oración.

1. La luna se puede tomar como una cápsula...
   a. cada dos horas. b. cada tres horas. c. cada doce horas.
2. Es buena para...
   a. relajarse. b. dormirse. c. estudiar filosofía.
3. La luna en el bolsillo te ayuda a...
   a. encontrar un conejo. b. encontrar el amor. c. ser pobre.
4. También sirve para...
   a. no estar enfermo. b. ser médico. c. no ser nadie.

2 **Escuchar** Escucha el fragmento y selecciona la opción que mejor completa cada oración.

1. La luna se puede dar de postre...
   a. nunca. b. a los niños dormidos. c. a los niños despiertos.
2. Ayuda a los ancianos a...
   a. relajarse. b. bien morir. c. bien vivir.
3. Debes poner una hoja de luna...
   a. en la cordillera. b. debajo de la cama. c. debajo de la almohada.
4. Si lo haces, ...
   a. no necesitarás ver nada. b. podrás ver lo que quieras. c. mirarás la luna auténtica.

3 **Escuchar** Escucha el fragmento y selecciona la opción que mejor completa cada oración.

1. Lleva un frasquito de la luna para cuando...
   a. te duermas. b. haga frío. c. te falte el aire.
2. A los presos les ayudará...
   a. la llave de la luna. b. la cara de la luna. c. a sonreír.
3. La luna es para los condenados...
   a. a muerte y a vida. b. a quienes no les gusta la muerte. c. por algún crimen.
4. La luna debe tomarse...
   a. siempre que se quiera. b. en dosis controladas. c. en dosis grandes.

Nombre _______________ Fecha _______________

VOCABULARIO

Nuestro mundo

Ahora escucharás el vocabulario que está al final de esta lección del libro. Escucha con atención cada palabra o expresión y después repítela.

Lab Manual

Nombre ______________________ Fecha ______________________

PARA EMPEZAR

Lección 6

1 **Identificación** Escucha el siguiente boletín de noticias (*news bulletin*) y, después, marca las palabras de la lista que se mencionan.

_____ aprobar	_____ igualdad
_____ creencia	_____ injusticia
_____ desigualdad	_____ ley
_____ ganar	_____ manifestante
_____ gobierno	_____ presidente

2 **La noticia** Escucha otra vez la noticia de la **actividad 1** y completa las oraciones.

1. Ramón Pastor es el ______________ del partido liberal.
   a. presidente b. secretario c. vicepresidente
2. Mario Rodríguez se ha reunido hoy para ______________ contra la desigualdad en el mundo del trabajo.
   a. dar un discurso b. manifestarse c. presentar un proyecto de ley
3. Quieren organizar una campaña (*campaign*) por la igualdad de derechos para ______________.
   a. todos los niños b. todos los trabajadores c. las mujeres
4. El senador cree que el Congreso tiene que aprobar la ley porque es ______________ de mucha importancia para todos.
   a. un tema b. un escándalo c. una crueldad
5. Se debe aprobar la ley antes de que ______________.
   a. haya elecciones b. pasen los años c. termine el año

3 **Los candidatos** Hay dos finalistas para el puesto de presidente estudiantil en tu universidad, Rosa Martínez y Eusebio Roma. Escucha sus presentaciones y, después, completa las oraciones.

1. Rosa Martínez quiere dedicarse a mejorar ______________
2. Ella quiere conseguirlo con ______________
3. Eusebio Roma quiere terminar con ______________
4. Según Eusebio, el gobierno estudiantil debe colaborar con ______________
5. Él no va a permitir que ningún miembro de la administración ______________
6. Las elecciones van a ser el martes ______________

Lab Manual

ESTRUCTURAS

6.1 The subjunctive in adverbial clauses

1

Completar Escucha lo que dice el profesor Aragón el primer día de clases y completa cada oración con el presente del subjuntivo del verbo que oyes.

1. El profesor dice que es importante que nosotros no 1) __________ hasta terminar el semestre para empezar el proyecto.
2. Nos recomienda que en cuanto 2) __________ a los compañeros, 3) __________ con quién queremos trabajar.
3. Nos dice que cuando 4) __________ quiénes van a formar parte del grupo, que 5) __________ a pensar en el tema.
4. Debemos ir a la biblioteca tan pronto como 6) __________ las listas de los libros.
5. Tenemos que darle el tema del proyecto final el mes que viene a menos que 7) __________ una buena excusa.

2

Estudios y carrera Completa las respuestas a las preguntas que vas a escuchar usando un elemento de cada columna. Usa el presente del subjuntivo o el pretérito del verbo, según corresponda.

modelo

Tú escuchas: ¿Vas a pagar tus deudas al terminar los estudios?
Tú lees: en cuanto / ganar
Tú escribes: Voy a pagar mis deudas *en cuanto gane* un poco de dinero.

a menos que	decir
aunque	empezar
con tal de que	pagar
cuando	parecer
después de que	pedir
hasta que	saber
tan pronto como	terminar

1. No voy a abandonar mis estudios __________ mis padres no me __________ el semestre.
2. Me ofrecieron mi primer trabajo __________ yo __________ mis estudios.
3. Voy a elegir una especialidad __________ el nuevo semestre __________ en el otoño.
4. Dediqué dos años de mi vida a ayudar a las víctimas del terremoto __________ mis amigos y yo __________ la noticia.
5. Deseo aprender todo lo posible __________ alguien me __________ que debo buscar un empleo.
6. Me gusta estudiar español __________ a veces me __________ difícil.

Lab Manual

6.2 The past subjunctive

1

Un pequeño problema Rosa y Eusebio son voluntarios del Partido del Pueblo. Organizaron una reunión, pero Eusebio no siguió las instrucciones de Rosa. Escucha la conversación y, después, elige la mejor opción.

1. Rosa esperaba que entregaran las sillas el sábado ______________.
   a. a las nueve de la tarde   b. a las nueve de la mañana   c. a las ocho de la mañana
2. Rosa le pidió a Eusebio que llegara al club ______________.
   a. antes de las ocho   b. entre las siete y las ocho   c. después de las ocho
3. Rosa le sugirió a Eusebio que les comprara a los miembros del partido ______________.
   a. unos cafés y unos dulces   b. unas revistas   c. botellas de agua
4. Rosa le pidió a Eusebio que preparara las fotocopias para ______________.
   a. la semana pasada   b. esta mañana   c. esta tarde
5. Con respecto a la prensa, Eusebio le pidió a Rosa que lo ayudara a ______________.
   a. organizar el salón   b. organizar las entrevistas   c. hablar con los periodistas
6. ¿Por qué crees que Eusebio le recordó a Rosa las veces que ella no le ayudó?
   ____

2

Conexiones políticas Eusebio conoce a mucha gente política. Escucha lo que dice y transforma cada oración usando las expresiones sugeridas. Después, repite la respuesta correcta.

modelo

Tú escuchas: Mis padres se dedicaron a la política.
Tú lees: fue bueno que
Tú dices: Fue bueno que mis padres se dedicaran a la política.

1. era necesario que
2. te sugerí que
3. el congreso recomendó que
4. nosotros les pedimos que
5. a Rosa le gustaba que
6. nuestros profesores aconsejaron que
7. fue urgente que
8. los manifestantes insistieron en que

Lab Manual

6.3 Comparatives and superlatives

1 **¡Cuántos recuerdos!** Rosa y Eusebio están dando un paseo por Puerto Montt, la ciudad donde se hospedan en Chile. Escucha la conversación y, después, indica si cada una de estas afirmaciones es **cierta** o **falsa**.

	Cierto	Falso
1. A Rosa, Puerto Montt le recuerda a su viaje último a España.	❍	❍
2. Según Rosa, la ciudad de Altea es más grande que Puerto Montt.	❍	❍
3. En Puerto Montt hay menos balcones que en Altea.	❍	❍
4. Las calles de Altea son más estrechas (*narrow*) que las de Puerto Montt.	❍	❍
5. La gente de Altea es tan simpática como la de Puerto Montt.	❍	❍
6. Eusebio piensa que Rosa tiene más oportunidades que él para viajar.	❍	❍

2 **Comparar** Compara las casas de la ilustración y, después, contesta las preguntas.

Familia López Familia Brito

1. ______________________________
2. ______________________________
3. ______________________________
4. ______________________________
5. ______________________________

3 **Sabelotodo** Estás hablando con una amiga que cree saber más que nadie. Reacciona a sus comentarios usando superlativos. Sigue el modelo. Después, repite la respuesta correcta.

modelo

Tú escuchas: Esta ley es importante.
Tú lees: – / el año
Tú dices: Esta ley es la menos importante del año.

1. – / la ciudad
2. + / su partido
3. – / el gobierno
4. – / mundo
5. + / esta democracia
6. + / nuestros tiempos

Nombre ______________________ Fecha ______________________

LITERATURA

1 **Escuchar** Escucha el poema y elige la opción correcta para cada afirmación.

1. Al escritor le quitaron...
   a. todo. b. una botella de agua. c. los lápices.
2. Al escritor lo han hundido en...
   a. una habitación de hotel. b. una celda de castigo. c. su casa.
3. Al escritor le queda el orgullo de sentirse un hombre...
   a. triste. b. alegre. c. libre.
4. El escritor cree que en su alma aún tiene...
   a. un jardín de florecitas. b. un deseo de venganza. c. un jardín de plumas.
5. Los versos fueron escritos con...
   a. tinta. b. agua. c. sangre.

2 **Interpretar** Escucha el poema y marca si lo que afirma cada oración es **cierto** o **falso**.

	Cierto	Falso
1. Al escritor le quitaron todo porque quieren que él se concentre y escriba.	❍	❍
2. Al escritor lo castigaron por querer escribir.	❍	❍
3. El escritor se siente libre a pesar de todo.	❍	❍
4. El poema trata de las enfermedades del escritor.	❍	❍
5. Para el escritor, la mejor tinta es el alma.	❍	❍

3 **Analizar** Escucha y contesta las preguntas sobre el poema.

1. ____

____

2. ____

____

3. ____

____

4. ____

____

Lab Manual

VOCABULARIO

Creencias e ideologías

Ahora escucharás el vocabulario que está al final de esta lección del libro. Escucha con atención cada palabra o expresión y después repítela.

Lab Manual

